Amesha Spentas, Yazatas y Zaratustra
Revelaciones de un Legado Espiritual

Nina Vale

Título original: *Amesha Spentas, Yazatas and Zarathustra – Revelations of a Spiritual Legacy*

Copyright © 2025, publicado por Luiz Antonio dos Santos ME.

Este libro es una obra de no ficción que explora prácticas y conceptos en el campo de la espiritualidad ancestral y la conciencia sagrada. A través de un enfoque profundo y simbólico, la autora ofrece una reinterpretación moderna del Zoroastrismo, sus entidades espirituales y su ética luminosa, proponiendo un puente entre lo arquetípico y la transformación interior.

1ª Edición

Equipo de Producción

Autor: Nina Vale
Editor: Luiz Santos
Portada: Studios Booklas / Elira Sanoval
Consultor: Dario Vernat
Investigadores: Inelio Brant / Alisha Revas / Milo Kent
Maquetación: Neven Atral
Traducción: Isar Domel

---

1.   Publicación e Identificación

Amesha Spentas, Yazatas y Zaratustra – Revelaciones de un Legado Espiritual

Booklas, 2025

Categorías: Espiritualidad / Filosofía Religiosa / Zoroastrismo
DDC: 299.6 – Religiones iranias
CDU: 299.4 – Religiones de origen iranio (zoroastrismo)

Todos los derechos reservados a:

Luiz Antonio dos Santos ME / Booklas Publishing
Ninguna parte de este libro puede ser reproducida, almacenada en un sistema de recuperación o transmitida por cualquier medio — electrónico, mecánico, fotocopia, grabación u otro— sin la autorización previa y expresa del titular de los derechos de autor.

Contenido

Índice Sistemático 5
Prólogo 10
Capítulo 1 Zoroastrismo 14
Capítulo 2 La Vida de Zaratustra 20
Capítulo 3 La Revelación de Mazda 26
Capítulo 4 Ahura Mazda 32
Capítulo 5 Nombres y Títulos de Mazda 38
Capítulo 6 Angra Mainyu 44
Capítulo 7 El Conflicto Cósmico 50
Capítulo 8 La Creación Divina 56
Capítulo 9 Los Siete Inmortales 62
Capítulo 10 Vohu Manah 68
Capítulo 11 Asha Vahishta 74
Capítulo 12 Khshathra Vairya 80
Capítulo 13 Spenta Armaiti 86
Capítulo 14 Haurvatat 92
Capítulo 15 Ameretat 98
Capítulo 16 Jerarquía Espiritual 103
Capítulo 17 Los Yazatas 109
Capítulo 18 Mithra, el Juez 115
Capítulo 19 Anahita, la Señora de las Aguas 120
Capítulo 20 Tishtrya, el Estelar 126
Capítulo 21 Sraosha, el Guardián de la Conciencia 131
Capítulo 22 Rashnu, el Pesador 136

Capítulo 23 Atar, el Espíritu del Fuego 141
Capítulo 24 Haoma, la Planta Divina.................................... 146
Capítulo 25 Fravashis, los Protectores.................................. 151
Capítulo 26 Dualidad en los Seres Espirituales 157
Capítulo 27 Rituales de Invocación 163
Capítulo 28 Entidades Femeninas.. 169
Capítulo 29 Religión Viva 175
Capítulo 30 Reflexión Filosófica 181
Capítulo 31 Unidad en la Diversidad..................................... 187
Epílogo 193

Índice Sistemático

Capítulo 1: Zoroastrismo - Presenta los fundamentos del Zoroastrismo, su dualismo ético, las figuras centrales de Ahura Mazda y Angra Mainyu, y el papel de Zaratustra.

Capítulo 2: La Vida de Zaratustra - Narra la vida del profeta Zaratustra, su búsqueda espiritual, la revelación divina recibida y el inicio de la difusión de sus enseñanzas.

Capítulo 3: La Revelación de Mazda - Describe la revelación de Ahura Mazda a Zaratustra, destacando el libre albedrío, la lucha cósmica y el mandamiento trino como núcleo de la fe.

Capítulo 4: Ahura Mazda - Profundiza en la figura de Ahura Mazda, el Señor de la Sabiduría, su naturaleza como creador supremo y fuente de todo bien y orden.

Capítulo 5: Nombres y Títulos de Mazda - Explora los diversos nombres y títulos de Ahura Mazda, revelando diferentes facetas de su divinidad y su función como guía espiritual.

Capítulo 6: Angra Mainyu - Analiza la figura de Angra Mainyu, el Espíritu Destructor, su naturaleza como negación de la verdad y el orden, y su rol en el conflicto cósmico.

Capítulo 7: El Conflicto Cósmico - Expone el conflicto cósmico entre el bien y el mal, el papel crucial de la elección humana y el destino final de renovación del universo (Frashokereti).

Capítulo 8: La Creación Divina - Detalla el proceso de la creación divina en siete actos por Ahura Mazda, asociando cada etapa a un Amesha Spenta y destacando la sacralidad del mundo material.

Capítulo 9: Los Siete Inmortales - Presenta a los Amesha Spentas, los Siete Inmortales, como emanaciones de Ahura Mazda, describiendo sus funciones individuales y colectivas en el cosmos y la ética.

Capítulo 10: Vohu Manah - Se centra en Vohu Manah, la Buena Mente, explorando su rol como guía del pensamiento justo, la compasión y el discernimiento ético.

Capítulo 11: Asha Vahishta - Aborda a Asha Vahishta, la Verdad Suprema, su conexión con el orden cósmico, la justicia, el fuego y la rectitud como estructura de la realidad.

Capítulo 12: Khshathra Vairya - Describe a Khshathra Vairya, el Dominio Ideal, su vínculo con el poder justo, el gobierno ético, la integridad y el autodominio.

Capítulo 13: Spenta Armaiti - Explora a Spenta Armaiti, la Devoción Amorosa, su conexión con la tierra, la humildad, la paciencia y la fe vivida a través del servicio.

Capítulo 14: Haurvatat - Analiza a Haurvatat, la Plenitud, su asociación con el agua, la integridad, la salud y la armonía del ser como estado de completitud.

Capítulo 15: Ameretat - Aborda a Ameretat, la Inmortalidad, su vínculo con las plantas, la continuidad de la vida, la perseverancia del bien y la vida eterna.

Capítulo 16: Jerarquía Espiritual - Describe la estructura jerárquica espiritual, desde Ahura Mazda hasta los Amesha Spentas y los Yazatas, explicando sus funciones interconectadas.

Capítulo 17: Los Yazatas - Introduce a los Yazatas, espíritus dignos de adoración, explicando su diversidad, sus funciones específicas como protectores de la creación y guerreros del bien.

Capítulo 18: Mithra, el Juez - Se centra en el Yazata Mithra, espíritu de la alianza, la luz y la justicia, detallando su papel como guardián de los pactos y juez de las almas.

Capítulo 19: Anahita, la Señora de las Aguas - Describe a la Yazata Anahita, Señora de las Aguas, su conexión con la pureza, la fertilidad, la purificación y la protección de la vida.

Capítulo 20: Tishtrya, el Estelar - Explora al Yazata Tishtrya, asociado a la estrella Sirio y las lluvias, su lucha contra la sequía y su simbolismo de renovación y esperanza.

Capítulo 21: Sraosha, el Guardián de la Conciencia - Analiza al Yazata Sraosha, espíritu de la escucha espiritual, la obediencia y la vigilancia, protector de la conciencia y guía de las almas.

Capítulo 22: Rashnu, el Pesador - Describe al Yazata Rashnu, el Justo, y su función como pesador imparcial de las acciones del alma en el juicio post-mortem.

Capítulo 23: Atar, el Espíritu del Fuego - Aborda a Atar, el espíritu sagrado del Fuego, su simbolismo como verdad y purificación, y su importancia central en el culto y la vida interior.

Capítulo 24: Haoma, la Planta Divina - Explora a Haoma, la planta y divinidad sagrada, su uso ritual, su simbolismo de vitalidad espiritual, longevidad e iluminación.

Capítulo 25: Fravashis, los Protectores - Introduce a los Fravashis, las esencias eternas y protectoras que acompañan a los seres vivos, ancestros y elementos de la naturaleza.

Capítulo 26: Dualidad en los Seres Espirituales - Analiza la presencia de la dualidad y la ambigüedad en ciertos seres espirituales, y la naturaleza del mal como corrupción del bien.

Capítulo 27: Rituales de Invocación - Detalla los rituales de invocación zoroastrianos, el poder de la palabra sagrada, la purificación, el fuego y la conexión activa con lo divino.

Capítulo 28: Entidades Femeninas - Destaca el papel central de las entidades femeninas como Spenta Armaiti, Anahita y Daena, representando la devoción, la fertilidad y la conciencia.

Capítulo 29: Religión Viva - Aborda la práctica contemporánea del Zoroastrismo, mostrando cómo sus entidades y rituales se mantienen vivos en las comunidades actuales.

Capítulo 30: Reflexión Filosófica - Propone una reflexión filosófica sobre el panteón espiritual, interpretando las entidades como arquetipos internos y guías para el alma.

Capítulo 31: Unidad en la Diversidad - Concluye enfatizando la unidad subyacente en la diversidad del panteón, donde todas las entidades emanan de la única luz de Ahura Mazda.

Prólogo

Durante siglos, la mirada occidental fue moldeada para percibir lo divino a través de ventanas estrechas. A medida que los siglos avanzaban, lo que antes era misterio sagrado pasó a ser doctrina encorsetada. La espiritualidad se convirtió en sistema, y lo sagrado —que debería ser vasto como el cosmos e íntimo como el propio espíritu— fue encapsulado en fórmulas repetidas, catequizado, domesticado. Las grandes instituciones religiosas, con sus dogmas y estructuras de poder, asumieron el papel de intérpretes de lo invisible, olvidando que el vínculo más puro con lo divino jamás necesitó intermediarios.

Pero algo comenzó a cambiar. Con el surgimiento de la era de la información, con el acceso libre al conocimiento antes velado, se inició un movimiento silencioso —y profundo. Hombres y mujeres, inquietos en su fe condicionada, comenzaron a cuestionar. A buscar. A desconfiar de los templos de piedra que sustituyeron la luz de la conciencia. Y fue en ese terreno fértil de dudas sagradas donde emergió un nuevo tipo de buscador: aquel que no acepta respuestas prefabricadas, que rechaza la comodidad de la repetición, que anhela un reencuentro con aquello que es genuino, ancestral, visceral.

Este libro es el reflejo de esa búsqueda. No ofrece dogmas —ofrece revelaciones. Revelaciones de una espiritualidad que nació antes de los imperios, antes de las cruzadas, antes de la necesidad de control religioso. Un conocimiento que no fue impuesto por espadas o conveniencias políticas, sino susurrado al alma de un profeta que osó escuchar la voz del universo en su totalidad.

Aquí no se trata de mitos olvidados. Se trata de una sabiduría que sobrevivió porque permaneció íntegra. Porque nunca necesitó adaptarse para sobrevivir. Porque su fuerza reside precisamente en su pureza. El Zoroastrismo —este sistema espiritual que estás a punto de explorar— no pertenece al pasado. Pertenece a la esencia de la humanidad. La ética que lo sustenta, el dualismo consciente entre verdad y mentira, la claridad del libre albedrío como fundamento de la vida, todo esto resuena como un eco familiar para aquellos que se permitieron romper las cadenas invisibles del pensamiento domesticado.

No se trata de creer en una nueva teología, sino de reconocer un saber que siempre estuvo presente, al margen, aguardando que la mirada se volviera lo suficientemente limpia para verlo. Los Amesha Spentas, las inteligencias divinas que estructuran la creación; los Yazatas, fuerzas espirituales que protegen el orden del mundo; Zaratustra, el hombre que no fundó una religión, sino que reavivó una conciencia. Todo esto no es folclore, es código espiritual.

Este libro, con admirable profundidad, no entrega respuestas enlatadas, sino que conduce por un sendero de entendimiento que solo puede recorrerse con el corazón abierto y la mente despierta. El mundo moderno intenta llenar el vacío espiritual con fórmulas de autoayuda o espiritualidades plásticas, hechas para entretener, no para transformar. Aquí, el camino es otro. Es una inmersión. Un retorno a las raíces de una visión sagrada de la realidad donde el ser humano es agente, y no súbdito. Donde Dios —Ahura Mazda— no exige temor, sino conciencia. Donde el bien no se impone por castigo, sino que se conquista por claridad. Y donde cada pensamiento, cada palabra y cada acción son instrumentos del orden cósmico o de la ruina interior.

No se trata de simbologías remotas, sino de revelaciones que dialogan con los dilemas más urgentes de nuestra época: libertad espiritual, integridad ética, sentido existencial. Mientras las instituciones corren para modernizarse, para mantener influencia, para no perder fieles, esta sabiduría milenaria permanece serena, ofreciendo algo que ninguna reforma es capaz de fabricar: coherencia.

Es imposible atravesar estas páginas sin ser desafiado. Confrontan la pasividad de la fe ciega. Derriban los altares construidos sobre el miedo. Desmontan la imagen de un divino hecho a semejanza de la autoridad humana. En su lugar, ofrecen un sagrado que respira con la creación, que ilumina desde dentro, que se manifiesta en la elección cotidiana por la verdad, incluso cuando es silenciosa, impopular o difícil.

Prepárate para encontrar una espiritualidad que no pide conversión, sino lucidez. Que no promete recompensas fáciles, sino que entrega sentido. Que no impone rituales, sino que revela principios eternos. Este libro es una travesía —y como toda travesía verdadera, exige coraje. Pero del otro lado está algo que ninguna religión institucionalizada logró preservar: el reconocimiento de que lo divino no es una creencia, es una presencia. Y ella te está esperando en el espacio más sagrado que existe: la conciencia despierta.

Sí, es aquí donde comienza el viaje. Permítete cruzar este puente entre lo que aprendiste y lo que tu espíritu siempre supo. La luz que guía esta lectura no viene de fuera. Ya arde dentro de ti.

Capítulo 1
Zoroastrismo

En el corazón del pensamiento espiritual de la antigua Persia, se erguía un sistema de creencias que no solo influenciaría civilizaciones durante milenios, sino que moldearía la esencia de la lucha moral humana: el Zoroastrismo. Diferente de las tradiciones politeístas que dominaban los desiertos y llanuras de Mesopotamia, esta fe se consolidaba alrededor de un núcleo ético riguroso, sustentado por un profundo dualismo entre fuerzas cósmicas opuestas. No era un panteón de dioses en rivalidad por el culto, sino una confrontación fundamental entre orden y caos, verdad y mentira, luz y tinieblas —conflicto que no habitaba solo los cielos, sino cada decisión humana.

El Zoroastrismo se erige como un faro de disciplina moral, donde la fe no se impone por la sumisión ritualística, sino por la elección consciente. Esta elección se da entre seguir el camino de Asha —la verdad, el orden, la rectitud— o caer en los dominios de Druj —la falsedad, el engaño, el desvío. La existencia, en este sentido, es un campo de batalla donde cada pensamiento, palabra y acción pesa en la balanza cósmica.

Esta concepción no se limita al plano abstracto; es profundamente vivencial. Cada ser humano es invitado, casi intimado, a participar en esta guerra invisible que mueve el universo. Ahura Mazda, el Señor de la Sabiduría, es el centro irradiador de esta doctrina. No una divinidad moldeada en forma o en ídolos, sino una conciencia creadora, la propia inteligencia ordenadora del cosmos. Él es luz infinita, no en el sentido literal, sino como metáfora viva del conocimiento, la sabiduría, la claridad moral. Su existencia no se manifiesta en apariciones visibles, sino en cada instancia de la creación que sustenta la vida, en la armonía de los elementos, en la justicia que gobierna los destinos, en la conciencia que despierta en los corazones humanos. No es un dios distante; Él es inmanente al orden que protege al mundo de la disolución.

En oposición radical a esta presencia benigna está Angra Mainyu —el Espíritu de la Destrucción. No un ser con garras o cuernos, sino la esencia del caos, la negación de la creación, la oscuridad que desea apagar la chispa de vida y verdad encendida por Ahura Mazda. Angra Mainyu no crea nada; corrompe. No forma, disuelve. Su existencia no es complementaria a la de Mazda, sino un asalto continuo a la integridad de lo real. Es una fuerza que contamina, no que edifica; que oscurece, no que revela.

La tensión entre estos dos principios —Spenta Mainyu, el Espíritu Santo de Mazda, y Angra Mainyu— estructura el cosmos en capas de significación moral. No hay neutralidad en este mundo. Lo que existe es parte de la creación sagrada o del plan de destrucción. La ética, por lo tanto, se convierte en un imperativo existencial. No es posible existir verdaderamente sin tomar posición.

Este principio reverbera en la fórmula más conocida de la doctrina: "Buenos pensamientos, buenas palabras, buenas acciones." Estos tres pilares son como llaves que conectan al individuo con el flujo de luz que parte de Ahura Mazda. Desviarse de ellos es permitir que la sombra se expanda.

La revelación de esta cosmología no fue aleatoria ni fruto de meditación colectiva. Fue comunicada a un hombre: Zaratustra. Un profeta nacido en un tiempo de inestabilidad espiritual, donde múltiples dioses y rituales sanguinarios consumían la fe del pueblo. Él surge como un insurgente espiritual, rompiendo con la idolatría y declarando que hay una sola divinidad digna de adoración. Su voz anuncia una revolución teológica: no existen dioses peleando por ofrendas, existe una única fuente de bien, cuya existencia convoca a la responsabilidad, no al miedo. Al proclamar a Ahura Mazda como el Creador Único, Zaratustra no solo rompe con el politeísmo, sino que inaugura un nuevo concepto de fe —aquel que nace de la conciencia y no de la costumbre.

Los escritos atribuidos a Zaratustra están reunidos en los Gathas, cánticos que no solo delinean preceptos religiosos, sino que vibran con poesía mística. En ellos, es posible percibir la densidad de la relación entre lo divino y lo humano. Ahura Mazda no exige sumisión, sino cooperación. No reina por terror, sino por sabiduría. Revela, no impone. Y al ser revelado, el mundo cobra sentido. La ética, la naturaleza, el tiempo, el destino —

todo se entrelaza en la red luminosa que Mazda teje con aquellos que eligen Asha.

Esta revelación se despliega en la existencia de los Amesha Spentas —seres espirituales que no son dioses en sí, sino aspectos de la propia divinidad. Representan no solo ideas o virtudes, sino categorías reales de la creación. La Buena Mente, la Verdad Suprema, la Devoción Amorosa —estas no son abstracciones, son inteligencias activas, fuerzas conscientes que sustentan el mundo. No compiten entre sí, pues todos son manifestaciones de un mismo principio: la sabiduría ordenadora. Cada uno de estos seres será revelado con claridad en los capítulos siguientes, pero aquí es esencial comprender que el Zoroastrismo no es un politeísmo disfrazado. Es una espiritualidad donde la multiplicidad de formas expresa la unidad esencial.

El tiempo también posee estructura moral dentro de esta cosmovisión. El universo fue creado con propósito, en etapas, y sigue una línea temporal con inicio, medio y fin. No es cíclico como en otras tradiciones orientales. Es lineal y teleológico. El mundo camina hacia la renovación total, el Frashokereti. En ese fin glorioso, el mal será aniquilado, el tiempo será purificado y todos los muertos resucitarán para un juicio final, donde cada alma atravesará el puente Chinvat — un pasaje sutil que se ensancha para los justos y se estrecha como una cuchilla para los impíos. Ese juicio no es arbitrario, sino consecuencia directa de la vida vivida.

El fuego ocupa un papel central en la práctica religiosa. No por fetichismo elemental, sino por ser la manifestación visible de la luz divina. En cada templo, una llama se mantiene encendida como señal de la presencia de Ahura Mazda, de la claridad moral que se desea mantener. El fuego es el vínculo entre los mundos, entre la materialidad de la vida y la pureza del espíritu. Mirar el fuego, protegerlo, orar ante él —es como contemplar la esencia misma de lo divino. La oración zoroastriana, así, no es murmullo pasivo, sino afirmación activa de conexión con el bien.

A pesar de haber perdido su posición dominante tras la islamización de Persia, el Zoroastrismo sobrevivió en los corazones de aquellos que migraron a la India —los Parsis— y en aquellos que permanecieron en Irán como guardianes silenciosos de una fe antigua. Sus doctrinas resonaron en otras tradiciones religiosas: la idea de cielo e infierno, juicio final, mesianismo e incluso la figura del diablo son ecos distantes de la teología zoroastriana. Aún hoy, sus verdades resuenan en los misterios de la elección humana, en la guerra invisible que se libra dentro de cada uno.

Al preservar una tradición milenaria de responsabilidad individual y claridad moral, el Zoroastrismo invita al ser humano a convertirse no solo en espectador, sino en agente activo en el drama del universo. Este llamado a la acción ética, sustentado por la confianza en la capacidad humana de elegir conscientemente el bien, rompe con la idea de una espiritualidad pasiva y resignada. No se trata de escapar del mundo, sino de habitarlo con lucidez, como quien camina entre sombras sosteniendo una antorcha. El fuego sagrado, lejos de ser un simple símbolo, se convierte en misión viva: mantener encendida la llama de la rectitud frente a los vientos contrarios del caos.

Este sistema de pensamiento no solo responde a las inquietudes existenciales de su tiempo, sino que anticipa cuestiones que aún hoy nos atraviesan —la responsabilidad moral, el libre albedrío, la naturaleza del mal y la posibilidad de redención. La fuerza de la doctrina zoroastriana reside, precisamente, en su profundidad ética y en el llamado a la conciencia despierta, una invitación atemporal para que cada ser humano reconozca el poder que detenta sobre los rumbos de su propia alma. Al reconocer que cada acto resuena en el tejido de lo real, ofrece al creyente una brújula interna, firme y luminosa, incluso en los momentos más sombríos.

De esta forma, el Zoroastrismo permanece como un legado vivo, no porque sobrevivió intacto al tiempo, sino porque dejó marcas profundas en la imaginación espiritual de la humanidad. Su profeta, su ética y su visión del destino son, hasta hoy, espejos en los que se puede vislumbrar lo más elevado del anhelo humano por el sentido. Y mientras haya quien, ante las tinieblas, elija la llama, la voz de Zaratustra seguirá resonando, como un llamado al coraje de vivir con rectitud.

Capítulo 2
La Vida de Zaratustra

En una tierra bañada por horizontes áridos y silencios vastos, nació un hombre que alteraría el curso de la espiritualidad humana. Zaratustra, también conocido como Zoroastro, no emergió del seno del poder político, ni de las castas sacerdotales que dominaban los cultos de la época. Surgió como un extraño entre los suyos, portador de una mirada que veía más allá del humo de los sacrificios y del clamor de los dioses guerreros. Su presencia en el mundo marcó la irrupción de una nueva conciencia, y su trayectoria sería delineada no por la ambición, sino por una revelación.

Zaratustra vivió, según los estudiosos, entre 1500 a.C. y 600 a.C., aunque las fechas precisas permanecen envueltas en nieblas temporales. Su nacimiento ocurrió probablemente en la región de Bactria o de Media, donde prácticas politeístas dominaban los rituales religiosos. El mundo en el que respiró por primera vez estaba marcado por ofrendas sangrientas, múltiples divinidades y una aristocracia sacerdotal que mantenía el poder espiritual bajo control hermético. No había espacio para cuestionamientos. Los dioses exigían sangre, los hombres obedecían, y el ciclo se repetía bajo la promesa de protección divina y cosechas abundantes.

Zaratustra, sin embargo, era un hombre de intensa interioridad. Desde joven, se rehusó a aceptar los dogmas vigentes sin enfrentarlos con la mente. Veía, en el derramamiento de sangre animal, una disonancia con aquello que sentía ser lo sagrado. La espiritualidad, para él, debía emanar de la sabiduría, la compasión, el orden moral —no del miedo, no de la negociación, no del sacrificio ciego. Ese malestar interior crecía como brasa bajo la piel, hasta convertirse en voz. Y esa voz, un día, le habló de forma definitiva.

La tradición cuenta que, a los treinta años, Zaratustra se retiró a las orillas de un río sagrado, envuelto por montañas y silencio. Allí, en recogimiento y contemplación, recibió la visión que lo cambiaría todo: Ahura Mazda se le reveló. Pero esta revelación no ocurrió entre truenos ni espejismos llameantes. Llegó como comprensión absoluta, como luz que diluye todas las sombras. Ahura Mazda, el Señor de la Sabiduría, se presentó como la única divinidad verdadera, fuente de todo bien, de toda creación justa. A su lado, estaban los Amesha Spentas, manifestaciones de su propia esencia, compañeros de misión cósmica. Y frente a ellos, la negación: Angra Mainyu, el destructor. Zaratustra comprendió, en aquel instante, que el universo era el escenario de un drama moral. El bien y el mal no eran fuerzas complementarias, sino opuestas en esencia. El ser humano, con su mente y libertad, estaba llamado a participar en este conflicto. No con la espada, sino con la elección consciente. Con esta misión grabada en el alma, regresó al mundo de los hombres.

Pero el retorno no fue triunfante. Sus enseñanzas fueron recibidas con desconfianza, burla y hostilidad. La antigua casta sacerdotal vio en sus palabras una amenaza al orden establecido. El monoteísmo ético que predicaba sacudía los cimientos de la autoridad espiritual vigente. Hablaba de un único Dios que no aceptaba sacrificios de sangre, sino que clamaba por pureza interior. Proclamaba que cada persona era responsable de su alma y de su papel en la creación. Esta doctrina era insoportable para un sistema basado en jerarquías y sumisiones.

Zaratustra fue forzado al exilio. Vagó durante años entre tribus y aldeas, sembrando palabras donde encontrara oídos mínimamente abiertos. En su travesía, tuvo visiones continuas que lo fortalecieron, experiencias con seres espirituales que ampliaron su comprensión del cosmos. Entre ellos, el más marcante fue Vohu Manah, el "Buen Pensamiento", que lo condujo hasta la presencia de Ahura Mazda en la primera revelación. Este espíritu se convirtió en su guía constante, indicándole que la verdad debe buscarse con mente clara y corazón sin odio.

La suerte de Zaratustra cambió cuando llegó a la corte del rey Vishtaspa, un soberano de mente más abierta y espíritu inquieto. Tras escuchar las enseñanzas del profeta, Vishtaspa se convirtió a la nueva fe y se convirtió en su protector. Este momento marcó el inicio de la propagación real del Zoroastrismo. Con el apoyo de una autoridad política, las enseñanzas pudieron expandirse, los himnos fueron recitados con libertad y los principios de la nueva religión comenzaron a moldear una civilización.

Aun con este apoyo, Zaratustra nunca se dejó seducir por el poder. No fundó templos lujosos ni creó una casta privilegiada. Su vida permaneció simple, volcada a la enseñanza, a la escucha de los necesitados y al cultivo de la palabra sagrada. Escribió —o inspiró la escritura— de los Gathas, las composiciones líricas que condensan su teología. En estos versos, se habla del juicio de las almas, del puente que lleva al más allá, de la renovación final del mundo. Pero también se habla de la elección diaria, del esfuerzo constante, de la victoria lenta y profunda de la verdad sobre la mentira.

Zaratustra murió como vivió: envuelto en misterio. Algunas tradiciones dicen que fue asesinado por fanáticos, otras que desapareció silenciosamente en el desierto. El hecho es que su legado atravesó las eras. Su doctrina sería base para imperios, inspiración para místicos, referencia para filósofos. Pero su grandeza no reside en conquistas temporales. Está en la lucidez que imprimió sobre el papel de la conciencia. Fue el primero en declarar que el ser humano es libre, y que esa libertad es sagrada, pues es el arma con la que se enfrenta al mal.

No hay cómo comprender el panteón espiritual del Zoroastrismo sin atravesar la vida de su fundador. Pues Zaratustra no solo predicó la existencia de Ahura Mazda —vivió esa fe con una entereza rara. Su viaje espiritual estuvo hecho de pérdida, desierto, persecución, éxtasis y fidelidad absoluta a lo que vio. No tuvo miedo de romper con siglos de tradición. No retrocedió ante la soledad. En su voz, el mundo escuchó por primera vez que el bien no es un dogma, sino una elección. Y que esa elección es la luz que rompe cualquier oscuridad.

La vida de Zaratustra es un testimonio vivo de que la verdad no se impone por la fuerza, sino por la coherencia entre palabra y acción. No fue solo un mensajero de doctrinas, sino la propia encarnación de lo que predicaba. Su trayectoria, hecha de exilio y revelación, muestra que la espiritualidad genuina a menudo camina al margen del poder y la conveniencia. Al rechazar los rituales vacíos y los sistemas jerárquicos que aprisionaban lo sagrado en fórmulas fijas, Zaratustra liberó la fe de la superstición y la recondujo al campo de la conciencia —donde cada ser humano es llamado a ser sacerdote de sí mismo.

Su mensaje continúa resonando porque toca un punto esencial de la existencia: la libertad de elegir el bien incluso cuando todo alrededor parece inclinarse hacia lo contrario. Zaratustra no prometía protección automática, ni beneficios divinos a cambio de ritos. Ofrecía responsabilidad. Cada persona, al despertar a la presencia de Ahura Mazda, asumía consigo el deber de sostener el orden contra el avance del caos, no con violencia, sino con rectitud. Este sentido de misión personal, fundamentado en una ética del discernimiento, moldeó un tipo de religiosidad que no necesita templos opulentos, sino corazones atentos y mentes vigilantes.

Así, el recorrido de Zaratustra permanece actual no por pertenecer al pasado, sino por iluminar el presente con su llama serena. En un mundo cada vez más saturado de dogmas ruidosos y verdades instantáneas, su vida nos recuerda que la verdadera revelación exige silencio, coraje y fidelidad a lo que se comprende como justo. No nos legó solo una religión, sino una manera de estar en el mundo con dignidad y claridad —como quien, incluso entre tinieblas, camina seguro de que la luz no es solo un destino, sino un camino elegido a cada paso.

Capítulo 3
La Revelación de Mazda

La noche era espesa como la duda que asola el alma antes del amanecer del entendimiento. En la orilla de un río sagrado, rodeado por la soledad de montañas sin nombre, Zaratustra experimentó lo que jamás podría ser contenido por palabras humanas. Allí, donde los sonidos del mundo callaban, y solo la pulsación de lo invisible resonaba en los huesos, ocurrió la revelación: no por medio de truenos o apariciones de fuego, sino como una claridad que disuelve todos los velos. La presencia de Ahura Mazda no se impuso —se reveló.

No hubo imposición. No hubo miedo. Hubo reconocimiento. Zaratustra no vio un dios moldeado a imagen de las pasiones humanas, sediento de ofrendas o venganza. No escuchó promesas de poder ni exigencias de dominio. Lo que le fue revelado era algo mucho más profundo: Ahura Mazda, la inteligencia cósmica, no era un ser que buscara ser adorado. Era el propio orden que sustenta lo real, la sabiduría que permea todo lo que es puro, la luz que ilumina no los ojos, sino la mente. Aquel momento no fue solo el inicio de una religión — fue la instauración de una nueva comprensión de la existencia.

Ahura Mazda habló. Pero sus palabras no fueron sonidos que vibran en el aire; fueron verdades que vibran en la conciencia. La primera de ellas fue la más devastadora: el hombre es libre. No hay destino fijo. No hay fuerzas cósmicas que aprisionen el alma en ciclos de error. Hay elección. Y esa elección es sagrada. El ser humano, con su mente racional y su corazón sensible, es el único responsable de su propio camino. Nada es impuesto. La verdad debe ser aceptada por convicción, no por coerción. El libre albedrío es, en el Zoroastrismo, el mayor don y la más severa responsabilidad.

Zaratustra comprendió, entonces, que el mundo está sustentado por un principio moral. La realidad no es neutra. La creación de Ahura Mazda es pura, armónica, luminosa. Pero esta creación está bajo ataque constante. Angra Mainyu, el espíritu destructivo, no es una criatura de Mazda, sino una presencia que eligió el camino contrario: el de la mentira, la corrupción, el caos. No posee sustancia propia; vive de corromper lo que fue creado. Es la podredumbre que necesita la fruta para existir. Esta revelación no fue simbólica, fue literal. Zaratustra vio con los ojos del alma que el universo está en guerra —y que los humanos no son meros espectadores, sino guerreros.

La revelación continuó. Ahura Mazda no actúa solo. Se manifiesta a través de siete aspectos divinos, llamados Amesha Spentas —"Inmortales Benéficos". No son seres separados, sino formas por las cuales la sabiduría suprema actúa en el mundo. Cada uno de ellos encarna una cualidad sagrada, una virtud activa que se expresa tanto en la creación como en el interior humano.

La "Buena Mente" conduce al discernimiento y la compasión. La "Rectitud Suprema" mantiene el orden en el cosmos. La "Devoción Amorosa" enraíza la fe en la tierra. Y así sucesivamente. La revelación de Mazda no era una jerarquía divina —era una arquitectura de la luz.

Cada uno de estos aspectos corresponde a elementos de la existencia: el cielo, el agua, el fuego, los metales, los animales, la tierra, la propia humanidad. Todo lo que existe tiene un propósito y carga en sí una chispa de la sabiduría creadora. El mundo material no es ilusorio ni maldito —es sagrado. La creación es buena. El problema no está en el cuerpo, en la tierra, o en el deseo. Está en la elección errada, en el pensamiento torcido, en la acción que rompe el orden. Con esto, Zaratustra rompió con siglos de pensamiento espiritual que despreciaban el mundo físico. No pidió huir del mundo. Pidió transformación.

Esta revelación dio origen al mandamiento trino que se convertiría en el corazón del Zoroastrismo: Humata (buenos pensamientos), Hukhta (buenas palabras), Hvarshta (buenas acciones). No son solo preceptos éticos. Son llaves espirituales. Pensar bien es alinearse con Vohu Manah. Hablar bien es manifestar a Asha Vahishta. Actuar bien es participar en el esfuerzo cósmico de Mazda. Estos actos no son solo sociales o morales —tienen repercusión metafísica. Cada buena elección es una victoria sobre Angra Mainyu. Cada gesto justo es un rayo de luz que debilita la oscuridad.

La verdad, para Zaratustra, no es propiedad de una élite espiritual. Es accesible a todos los que purifican su interior. Ahura Mazda no habla solo a los sacerdotes —habla a todos los que tienen mente limpia y corazón sincero. Por eso, la revelación no viene por medio de rituales secretos o lenguajes ocultos. Se manifiesta en la luz, en la razón, en la justicia. La religión revelada por Mazda es una religión de la claridad, no del misterio. Es por eso que el fuego —símbolo de la verdad visible— se convierte en el centro de los rituales zoroastrianos.

Durante la revelación, Zaratustra no fue solo instruido. Fue transformado. Su mente se abrió como si capas de polvo fueran removidas. Su visión espiritual pasó a ver con nitidez lo que antes estaba borroso. Entendió que su misión no era fundar una nueva casta o un nuevo imperio religioso. Era ser la voz de la elección. Debía anunciar al mundo que el camino de la luz está disponible, pero es estrecho y exige esfuerzo. Que no hay salvación automática, ni redención heredada. Que cada alma es medida por su propia rectitud.

Esta revelación no terminó con palabras. Se convirtió en acción. Zaratustra pasó a vivir aquello que vio. No enseñaba lo que no practicaba. No proclamaba lo que no fuera evidente en su modo de andar, de escuchar, de decidir. Por donde pasaba, su presencia era un llamado silencioso a la integridad. Muchos lo odiaron, pues la verdad perturba. Muchos lo temieron, pues la libertad asusta. Pero algunos lo escucharon —y con eso, la luz se esparció.

El mensaje revelado por Mazda no exigía templos dorados. Exigía mente lúcida y vida recta. Los rituales debían ser simples, pero profundos. Las palabras debían ser pesadas con la balanza de la conciencia. Las acciones, medidas por la justicia universal. Esta revelación exigía disciplina, pero ofrecía algo único: sentido. Ya no había caos, ni azar. Todo formaba parte de un plan, y cada ser era una pieza viva de la armonía cósmica.

Zaratustra nunca reivindicó para sí la divinidad. Nunca aceptó ser adorado. Su grandeza residía exactamente en eso: sabía que era solo el portador del mensaje, no su origen. Todo venía de Ahura Mazda. La revelación estaba viva, y cada persona podía acceder a ella, siempre que cultivara la verdad interior. Esa fue la mayor revolución espiritual de su viaje: devolver al ser humano el derecho a dialogar con lo divino sin intermediarios de ambición.

En la revelación de Mazda, Zaratustra encontró el mapa del cosmos, pero también el espejo del alma. Descubrió que el universo pulsa en dualidad, pero que esa lucha no es eterna. El bien vencerá. La creación será restaurada. El mal será vencido no por la fuerza, sino por la persistencia de la luz. Y cada hombre y mujer es convocado a participar en este desenlace. No hay lugar para espectadores. La revelación no es un dogma para memorizar, sino un llamado para ser vivido.

La revelación que Zaratustra recibió no pretendía fundar un sistema cerrado de creencias, sino abrir el mundo a la posibilidad de un nuevo tipo de conciencia —una conciencia despierta, responsable y comprometida con la construcción del bien. El cosmos, lejos de ser un escenario de destino inmutable o de voluntad divina arbitraria, fue presentado como una realidad moralmente accesible, moldeable por la acción humana. En ese horizonte, lo sagrado no está confinado a un más allá inalcanzable, sino que habita lo cotidiano, la elección silenciosa, el gesto sincero, el pensamiento limpio. La doctrina revelada por Mazda no nos obliga a temer —nos invita a comprender.

Al reconocer el libre albedrío como centro de la existencia, la revelación disolvió el fatalismo e instauró un nuevo pacto entre lo humano y lo divino. No se trata de salvación colectiva o predestinada, sino de redención íntima, alcanzada paso a paso, pensamiento a pensamiento. Cada alma carga en sí no solo el peso de sus decisiones, sino también la nobleza de su potencial. Esto da al Zoroastrismo una dimensión profundamente esperanzadora, donde el bien no es un privilegio de algunos iluminados, sino una posibilidad universal. La lucha entre luz y tinieblas deja de ser un combate mítico distante y se revela como una tensión interna, presente en la respiración de cada día.

Por eso, la revelación de Mazda permanece perenne: porque habla no de un pasado fijado en piedra, sino de un viaje continuo. La palabra sagrada no está enclaustrada en escrituras, sino viva en las decisiones de quien elige Asha. El mundo aún pulsa con la invitación hecha a Zaratustra: reconocer la luz, actuar con rectitud y rehusarse a pactar con el caos. Esa no es solo la esencia de una fe —es la afirmación de que cada vida importa, cada elección repercute y cada alma puede convertirse, por voluntad propia, en una extensión de la luz que ordena el universo.

Capítulo 4
Ahura Mazda

La vastedad del cielo, cuando aún no es herida por la presencia del hombre, revela la arquitectura silenciosa de la creación. El brillo de las estrellas, el ritmo de los vientos, la precisión con que los ciclos naturales se repiten —todo apunta a una inteligencia que no solo originó el cosmos, sino que lo sustenta con propósito y claridad. Esa inteligencia, según Zaratustra, tiene un nombre: Ahura Mazda. No es una entidad forjada a imagen de los hombres. No tiene rostro, no habita templos, no exige sacrificios. Ahura Mazda es la propia sabiduría que permea lo real.

Ahura significa "Señor", y Mazda, "Sabiduría" —pero estas traducciones no capturan la totalidad de lo que Él representa. Más que un ser superior, Ahura Mazda es la manifestación consciente de la luz, del orden y de la verdad. Su esencia es tan vasta como el propio universo, y su presencia se revela no por imposición, sino por reconocimiento. Donde hay armonía, hay vestigios de Él. Donde hay justicia, su mano es visible. Donde hay claridad de pensamiento y bondad en acción, su voz aún susurra.

No posee forma física, y precisamente por eso, no puede ser representado. Cualquier imagen que intente captarlo sería una traición a su esencia. Ahura Mazda trasciende la materia, no por rechazarla, sino por ser su origen y finalidad. Todo lo que es bueno, verdadero y puro emana de Él como reflejo de una luz que no se extingue. Diferente de otras divinidades antiguas, Él no tiene genealogía, no nació de otro ser, no surgió de un caos primordial. Es eterno, sin principio ni fin. Y aun así, está presente en cada hoja, en cada soplo, en cada impulso de justicia.

Al crear el mundo, Ahura Mazda no lo hizo por necesidad o diversión. Lo creó por amor al orden. Cada elemento de la creación fue moldeado con intención: el cielo para proteger, el agua para purificar, el fuego para iluminar, la tierra para sustentar. Nada fue hecho al azar. Cada parte del universo carga una función espiritual. El mundo, para Él, es templo y obra. No exige adoración servil, sino cooperación consciente. No desea súbditos, sino aliados.

Para mantener esta creación, Ahura Mazda emana siete inteligencias divinas —los Amesha Spentas— que actúan como extensiones de su voluntad. No son independientes, no poseen ego, no rivalizan entre sí. Cada uno representa un aspecto del propio Mazda. Vohu Manah, la Buena Mente, guía a los humanos al discernimiento. Asha Vahishta, la Verdad Suprema, sustenta el orden. Spenta Armaiti, la Devoción Amorosa, enraíza la fe en la tierra. Khshathra Vairya, el Dominio Ideal, regula el poder con justicia. Haurvatat y Ameretat, la Plenitud y la Inmortalidad, preservan la integridad de la creación. Son estos aspectos los que revelan, en fragmentos, quién es Ahura Mazda.

Pero Él va más allá de sus atributos. Es conciencia total. Sabe todo lo que fue, es y será. No por espiar o controlar, sino porque toda existencia vibra en su sabiduría. Su saber no es estático, es vivo. Comprende los caminos humanos, conoce los dilemas, entiende las debilidades. Pero jamás fuerza una elección. Su grandeza está precisamente en la libertad que concede. Cada alma es libre de seguirlo o no. Y esa libertad es el hilo que teje la moral zoroastriana: seguir a Ahura Mazda es una elección ética, no una imposición mística.

No hay, en su naturaleza, sombra ni ambivalencia. Es puro. Es la ausencia completa de maldad, pues el mal no proviene de Él. Angra Mainyu, su opuesto, no es su hermano, ni su creación. Surgió por su propia decisión de negar la verdad. Ahura Mazda no lo creó, pero lo enfrentó. Y su lucha no se hace con ejércitos, sino con luz. Cada vez que una criatura elige la verdad, debilita a Angra Mainyu. Cada buena acción es una chispa de Mazda encendida en el mundo.

Ahura Mazda se revela en la mente y en el espíritu. No se impone como un trueno, pero ilumina como un amanecer. Por eso, el Zoroastrismo siempre privilegió el pensamiento: la fe verdadera nace de la razón despierta, no de la obediencia ciega. El hombre que piensa con rectitud, habla con sinceridad y actúa con justicia ya vive en comunión con Ahura Mazda, incluso sin conocerlo por nombre. Está presente donde el bien florece, donde el mal es combatido con firmeza y donde la dignidad del ser es preservada.

Sus fieles no deben inclinarse con temor, sino caminar erguidos con responsabilidad. Ahura Mazda no desea adoración vacía, sino acciones justas. Su religión es práctica, cotidiana, comprometida. La espiritualidad que Él inspira no se esconde en cuevas, sino que se expresa en la vida común: en la honestidad del trabajo, en la protección de los más frágiles, en el cuidado de los elementos de la naturaleza. El mundo es el altar donde su nombre es honrado, y cada gesto recto es una plegaria.

La ausencia de imagen no vuelve abstracto a Ahura Mazda —lo vuelve íntimo. No está fuera, está dentro. En cada elección ética, en cada renuncia al egoísmo, Él brilla. Su templo es el corazón del justo, y su culto verdadero es la rectitud. No hay necesidad de intermediarios, pues Él se comunica directamente con aquellos que se purifican por el esfuerzo. La oración, para ser escuchada, no necesita ser larga ni ceremonial. Basta ser sincera. La luz de Ahura Mazda penetra el silencio y responde al alma con paz.

Ahura Mazda es el Dios que invita, no obliga. Orienta, pero no manipula. Observa, pero no castiga con arbitrariedad. Su justicia se mide con la balanza del propio ser. Al final de los tiempos, cuando Angra Mainyu sea vencido y el mundo renovado, cada alma será juzgada no por dogmas o rituales, sino por su fidelidad a la verdad. El fuego de la conciencia, que siempre ardió en el interior, será la luz de ese juicio. Y aquellos que eligieron a Mazda verán que, incluso en las noches más oscuras, Él siempre estuvo a su lado —no como una figura sobrehumana, sino como la voz sutil que llama a la rectitud.

En la vastedad de su silencio, Ahura Mazda continúa siendo la fuente inagotable del orden que estructura el mundo y de la claridad que ilumina la mente humana. No exige idolatría ni se presenta como un enigma impenetrable; su misterio está precisamente en la transparencia de su presencia, en la nitidez de su ética. Su divinidad no se impone como una carga, sino como una dirección, una brújula moral que apunta siempre hacia el norte de la verdad.

En el centro de la experiencia religiosa zoroastriana, por lo tanto, no está el miedo, sino la dignidad: el ser humano es tratado como alguien capaz, consciente, digno de participar en el proyecto divino de mantenimiento de la armonía cósmica. Ahura Mazda no propone una fe enclaustrada en lo sobrenatural, sino una espiritualidad integrada a la realidad. Su voz resuena en las estructuras del mundo, pero también en los silencios interiores que anteceden a la elección correcta. Al convertirse en la referencia suprema de sabiduría, Él desplaza el eje de la religión de la superstición a la conciencia, de la sumisión a la lucidez.

No es el poder bruto lo que define su gobierno, sino la coherencia con el bien. Esta característica hace de su figura una de las más revolucionarias del pensamiento religioso antiguo: no necesita ser temido para ser seguido; basta ser comprendido para ser amado. Seguir a Ahura Mazda es, por lo tanto, más que un acto de fe —es un compromiso con la justicia, con la claridad, con la integridad. No se trata de agradar a un ser superior, sino de responder al llamado de la propia conciencia despierta. En esa invitación serena, Mazda ofrece al ser humano un papel noble: el de cocreador del orden en el mundo. Y es en ese papel donde se encuentra el verdadero culto, no en rituales opulentos, sino en la simplicidad de la elección correcta, repetida todos los días, como quien enciende una llama —no para ser visto, sino para mantener viva la luz en el interior de la noche.

Capítulo 5
Nombres y Títulos de Mazda

Ahura Mazda no se esconde bajo máscaras ni necesita velos para preservar su misterio. Es, por esencia, revelación constante. Sin embargo, su presencia es tan vasta, tan absoluta, que una sola palabra no sería capaz de contenerlo. Por eso, a lo largo de los siglos, aquellos que se inclinaron ante la sabiduría universal manifestada en este Ser supremo le dieron muchos nombres, títulos y epítetos. Cada uno de ellos es un intento humano de tocar lo inefable, de describir, aunque sea en fragmentos, la magnitud de la fuente de toda luz, orden y verdad.

Estos nombres y títulos no son adornos poéticos. Son herramientas espirituales, llaves que abren dimensiones de lo sagrado y guían la mente humana hacia la claridad. A cada nombre invocado, no se llama a una divinidad distinta, sino que se ilumina un aspecto de la presencia total de Ahura Mazda. Así como la luz blanca se desdobla en infinitos colores cuando atraviesa el cristal, la naturaleza una de Mazda se manifiesta en múltiples formas de sabiduría.

"Señor de la Verdad" es quizás el más antiguo y fundamental entre sus títulos. La verdad, en el Zoroastrismo, no es solo corrección lógica o fidelidad a los hechos. La verdad es el propio tejido de lo real, la estructura invisible que mantiene el cosmos en equilibrio. Al nombrarlo "Señor de la Verdad", los fieles reconocen que Ahura Mazda no solo enseña lo que es verdadero —Él es la Verdad. Su esencia vibra en cada átomo bien ordenado, en cada ciclo que cumple su curso con justicia. Ante Él, la mentira no se sostiene. La falsedad se deshace como sombra ante el sol.

"Creador de la Luz" es otro título que resuena con fuerza en los corazones zoroastrianos. La luz, en este contexto, no es solo fenómeno físico, sino realidad espiritual. Simboliza el conocimiento, la claridad, la presencia del bien. Invocar a Mazda como creador de la luz es reconocer que toda sabiduría que disipa el miedo, todo discernimiento que guía la conciencia, toda justicia que se hace en nombre de la compasión, emana de Él. La luz que el hombre busca fuera, brilla primero dentro, cuando se alinea con el orden cósmico.

"Sabiduría Suprema" quizás sea el nombre que más sintetiza el corazón de la doctrina mazdeísta. La palabra "Mazda" ya significa sabiduría, pero al enfatizarla como suprema, los antiguos textos dejan claro que no se trata de una inteligencia práctica o técnica. Es una sabiduría que sobrepasa los límites de la lógica y de la experiencia sensorial. Es la conciencia que conoce el fin desde el principio, que guía sin forzar, que ama sin subyugar. Esa sabiduría es creadora porque es justa, y es justa porque conoce todas las causas y efectos antes de que se manifiesten. Es ella la que sustenta la ética del Zoroastrismo: actuar con sabiduría es actuar con Mazda.

Hay aún títulos como "Padre de los Amesha Spentas", que revela su papel como origen de los siete espíritus divinos que gobiernan la creación. Cada uno de estos seres representa una cualidad divina: la mente clara, la verdad, la devoción, el dominio justo, la plenitud, la inmortalidad, y la propia existencia. Al llamarlo Padre, no se habla de paternidad en el sentido humano, sino de fuente original —todo lo que es bueno, útil, ordenado y virtuoso nace de Él. Él es la raíz que nutre las ramas del cosmos.

Otro nombre que carga profunda carga espiritual es "Aquel que Escucha los Pensamientos". En el Zoroastrismo, no hay espacio para el engaño ritual. Lo que cuenta es la intención verdadera, la calidad del pensamiento antes incluso de que la palabra sea proferida. Ahura Mazda está atento a la mente, no por vigilancia punitiva, sino porque es en ella donde nace la elección moral. Conoce el peso de los silencios, de las dudas, de los deseos no expresados. El juicio, cuando llegue, no se basará en apariencias, sino en la verdad oculta de los pensamientos.

En algunos textos, Él es llamado también "Señor del Orden Cósmico". Esto remite al concepto de Asha —el orden que permea todo lo que es justo, puro y verdadero. Asha no es un simple código moral o natural; es la propia manifestación de Ahura Mazda en el mundo. Nombrarlo como Señor del Orden es confesar que el universo no es caótico, que hay estructura, simetría, dirección. El caos que se observa no es obra Suya, sino resultado de la acción de Angra Mainyu, el espíritu de la mentira y la confusión.

Hay nombres que reflejan su relación con los seres humanos. "Guardián de las Almas Justas" es uno de esos. No abandona a aquellos que eligen la rectitud. Está a su lado en cada batalla invisible, inspirando coraje, claridad y compasión. A lo largo de la vida, su presencia puede parecer discreta, pero en el momento de la travesía hacia el más allá, Él se revela como juez, guía y protector. Su justicia es serena, pero infalible. No condena por error, sino que recompensa la sinceridad. Su balanza no pesa palabras, pesa integridad.

Cada uno de estos títulos es también una invocación. Al decirlos en oración, el fiel se alinea con la vibración que evocan. Al llamarlo Sabiduría Suprema, el orador busca claridad. Al llamarlo Creador de la Luz, pide discernimiento. Al nombrarlo Señor de la Verdad, invoca coraje para permanecer íntegro. Así, los nombres de Mazda no son solo formas de reverencia. Son caminos. Son invocaciones que transforman el interior. Son memorias vivas de la alianza entre el hombre y lo divino.

La recitación de estos nombres es parte de los rituales zoroastrianos. En las oraciones diarias, al amanecer y al atardecer, los fieles los murmuran ante el fuego, símbolo visible de la presencia divina. El fuego no es adorado, sino reverenciado como la representación más pura de la luz espiritual. Al pronunciar los títulos de Mazda ante la llama, el orador reconoce que aquello que es invisible puede ser tocado por el espíritu, si la mente está clara y el corazón, limpio.

Ahura Mazda no se reduce a ninguno de estos nombres. Todos ellos, juntos, aún serían insuficientes para contener su grandeza. Pero al esparcirlos por el mundo como semillas de luz, Zaratustra y sus sucesores ofrecieron al hombre medios para aproximarse a lo inabarcable. Los nombres, así, no aprisionan. Liberan. Invitan. Recuerdan que, aunque lo absoluto no quepa en palabras, es posible vivirlo en pensamiento, palabra y acción.

La relación entre los fieles y Ahura Mazda es moldeada por estos títulos. Enseñan a verlo no como un tirano cósmico, sino como un maestro compasivo. No como un juez implacable, sino como un guía silencioso. Los nombres revelan que lo divino no está distante. Está presente. Está en todo lo que es bueno, todo lo que es justo, todo lo que es verdadero. Está en la palabra que consuela, en el gesto que protege, en la decisión que honra. Conocer los nombres de Mazda es, en última instancia, conocerse a sí mismo en su estado más puro.

Cada título concedido a Ahura Mazda revela no solo atributos de lo divino, sino también expectativas profundas que el alma humana proyecta sobre lo sagrado. Al nombrarlo, el fiel no solo reconoce su grandeza, sino que también busca reflejar en sí mismo las virtudes que esos nombres evocan. Hay, por lo tanto, un movimiento de aproximación espiritual en cada invocación: no se trata de exaltar a un ser inalcanzable, sino de invitar su presencia dentro de la experiencia humana. Al llamar a Mazda "Aquel que Escucha los Pensamientos" o "Señor del Orden Cósmico", el hombre se recuerda a sí mismo que sus pensamientos importan, que sus acciones moldean realidades, y que hay un principio supremo atento a lo más íntimo de su viaje.

Estos nombres, lejos de congelar el misterio, lo dinamizan. No son fórmulas mágicas, sino portales para el autoconocimiento y para la alianza con la verdad. En cada uno de ellos, hay una invitación a la práctica: actuar como quien busca la sabiduría, pensar como quien desea la justicia, vivir como quien tiene claridad. El Zoroastrismo, al utilizar estos títulos en los rituales y oraciones, enseña que el lenguaje tiene poder —y que el modo como nos dirigimos a lo divino moldea el modo como nos dirigimos a la vida. No hay contradicción entre lo sagrado y lo cotidiano, porque cada gesto simple puede contener la reverencia de un nombre dicho con verdad.

Es en esta simplicidad donde la grandeza de Ahura Mazda se manifiesta de forma más plena. No exige fórmulas, sino intención pura. Y al permitir que sus diversos nombres florezcan en la boca de los que lo buscan, Él ofrece caminos distintos para el mismo destino: la unión entre la mente despierta y el orden universal. Cada título es un espejo que refleja la luz de Mazda en ángulos diferentes, y quien los contempla con sinceridad descubre que, al nombrar lo divino, está también nombrando aquello que de más elevado habita en sí mismo.

Capítulo 6
Angra Mainyu

La creación respira en armonía, pero esta respiración es inquieta, pues nunca está libre de amenaza. En el corazón de la realidad zoroastriana, hay un abismo que nunca cesa de intentar engullir la luz. Ese abismo tiene nombre: Angra Mainyu. No es una metáfora, ni un símbolo filosófico de antagonismo. Es una presencia real, consciente y activa. Su esencia es la destrucción, y su propósito es la negación de todo lo que Ahura Mazda creó con orden y sabiduría.

Angra Mainyu, el Espíritu Maligno, es la antítesis directa de Spenta Mainyu, el Espíritu Benevolente que emana de Ahura Mazda. Si este genera, protege y ordena, aquel corrompe, destruye e invierte. Su origen no es fácil de situar, pues no proviene de Mazda. Es, en cierto modo, una elección que se encarnó. Un sí que fue transformado en no. Una inteligencia que optó por el desvío absoluto. No es una entidad creada, sino una manifestación de lo que rechaza la creación. Su existencia no es complementaria a la bondad —es su negación. No equilibra el universo: intenta desintegrarlo.

La característica fundamental de Angra Mainyu es la mentira. Donde hay verdad, él insinúa duda. Donde hay confianza, siembra traición. Donde hay amor, alimenta el ego. Actúa en silencio, pues su fuerza está en la sutileza con que distorsiona lo real. La mentira, en su visión, no es solo falsedad factual —es alejamiento de la esencia. Cuando un hombre miente, no solo engaña al otro. Hiere el orden del mundo. Se convierte en aliado del espíritu que quiere disolver todo lo que es claro, cohesivo y puro.

La acción de Angra Mainyu en el mundo no es directa, sino por influencia. No tiene poder para crear nada. Por eso, necesita corromper lo que existe. La enfermedad, la discordia, la envidia, el egoísmo —son todas expresiones de su infiltración en la realidad. No destruye con fuerza bruta, sino con degradación lenta. Pudre los fundamentos, contamina los corazones, desfigura las intenciones. Su victoria se da cuando la conciencia humana desiste de elegir el bien, cuando cede al cansancio moral y se rinde a la apatía espiritual.

En el Zoroastrismo, Angra Mainyu es una fuerza que actúa tanto en el plano espiritual como en la existencia material. Está detrás de la sequía que mata plantaciones, de la mentira que destruye familias, de la guerra que aniquila ciudades. No porque sea el creador de estos eventos, sino porque se alimenta de ellos. Manipula las circunstancias para conducir a los hombres a la desesperanza. Su victoria momentánea ocurre cada vez que alguien renuncia al discernimiento y elige el camino fácil —aquel donde el bien es pospuesto, la justicia es ignorada y la verdad es relativizada.

Pero Angra Mainyu no actúa solo. Para multiplicar su influencia, generó contrapartes malignas de los Amesha Spentas. Estos espíritus de destrucción, llamados *daevas*, representan las distorsiones de las virtudes divinas. Donde Vohu Manah inspira buenos pensamientos, un daeva susurra orgullo y vanidad. Donde Asha Vahishta sustenta el orden, un espíritu corrompido promueve el caos. Son como sombras que siguen a la luz, intentando opacarla, imitar su forma y confundir a quien no tiene ojos despiertos. Estos seres malignos no poseen autonomía —son instrumentos de la voluntad de Angra Mainyu, que los usa como brazos para ampliar su influencia.

La lucha entre Ahura Mazda y Angra Mainyu no es simétrica. Mazda no es un guerrero que combate a un enemigo de igual poder. Él es el origen, el fundamento, la luz eterna. Angra Mainyu es una grieta, una aberración, una ruptura pasajera. Sin embargo, su existencia es peligrosa porque actúa sobre el libre albedrío humano. La creación es buena, pero la libertad permite que uno se desvíe de ella. Y ese desvío es el campo de acción del mal. Por eso, el combate al Espíritu Maligno no se realiza solo en las esferas celestes, sino en la intimidad de cada alma.

Zaratustra comprendió esta verdad con lucidez absoluta. La revelación de Ahura Mazda incluyó no solo la existencia del mal, sino el llamado a enfrentarlo. El profeta dejó claro que el ser humano es parte activa en la batalla cósmica. Cada elección tiene peso. Pensar bien, hablar con rectitud, actuar con justicia —todo esto debilita a Angra Mainyu. Cada buena acción es un golpe contra el caos. Cada palabra honesta es una llama encendida en medio de la sombra. La espiritualidad zoroastriana es, sobre todo, una convocatoria a la vigilancia moral.

Esta visión del mal tiene implicaciones profundas. El mal no es esencial a la realidad —es una distorsión temporal. Puede ser combatido y será, al final de los tiempos, completamente derrotado. El Zoroastrismo no acepta la eternidad del mal. Será vencido por medio del esfuerzo combinado de las fuerzas del bien y de la rectitud humana. Cuando esto ocurra, el mundo será renovado, purificado, elevado a un estado de perfección donde Angra Mainyu no podrá penetrar más.

Ese momento de victoria final se llama Frashokereti. En él, los muertos resucitarán, la verdad será restaurada, y cada alma atravesará el puente Chinvat, donde sus actos serán pesados. Angra Mainyu, entonces, será expulsado para siempre de la creación. Su ilusión será deshecha, su mentira disuelta. Y el mundo será, al fin, como Ahura Mazda lo soñó: puro, luminoso, justo.

Pero hasta entonces, la batalla continúa —no con espadas ni ejércitos, sino con la integridad de cada corazón. Angra Mainyu es el adversario oculto, la sombra que acompaña cada posibilidad. Pero no es invencible. Su debilidad está en el hecho de que no puede crear. Depende del error humano, de la distracción, del abandono de la ética. Cuando los hombres despiertan, él retrocede. Cuando la conciencia se alinea con Asha, él es expuesto. Su fuerza está en la confusión —por eso, la claridad es su mayor enemiga.

Detrás de la apariencia de un enemigo temible e inmutable, Angra Mainyu revela, en el fondo, una fragilidad inherente: su imposibilidad de generar algo propio, su naturaleza parasitaria. Necesita la creación para existir, aunque solo sea para subvertirla. Es en esta dependencia donde reside la clave de su derrota. A diferencia de Ahura Mazda, cuya luz brota de sí mismo, el Espíritu Maligno no tiene fuente propia —solo refleja, de manera distorsionada, lo que ya fue emanado por la bondad. Como una sombra que no existe sin la luz, subsiste solo mientras haya algo que corromper. Pero cuando el bien se vuelve firme, consciente y determinado, su influencia se marchita, incapaz de resistir la presencia del verdadero orden.

La claridad interior, por lo tanto, se convierte en la herramienta más eficaz en la lucha contra esta fuerza disimulada. Reconocer el mal no como un poder autónomo, sino como un desvío del bien, confiere al ser humano un poder inmenso: el de restaurar el mundo a partir de sí mismo. Cada gesto ético, por pequeño que parezca, es un realineamiento con Asha, una señal de que la creación aún respira por la voluntad del bien. Y es en la repetición de estos gestos —diarios, discretos, muchas veces invisibles— que Angra Mainyu es debilitado. No puede resistir el compromiso íntimo con la verdad, ni el silencio de una conciencia que se rehúsa a negociar con la oscuridad.

Esta es la responsabilidad y la grandeza del espíritu humano: no solo resistir, sino elegir activamente. Pues el mal no reina donde hay decisión firme, donde hay luz encendida, donde el alma mantiene los ojos vueltos hacia lo que es puro. A cada elección por la justicia, por la compasión, por la verdad, la sombra pierde espacio. Y así, aunque la batalla aún persista, el fin ya se anuncia: no como un espectáculo final de destrucción, sino como el lento y firme retorno de la creación a su destino de plenitud.

Capítulo 7
El Conflicto Cósmico

El universo zoroastriano es un tapiz vivo, tejido por manos invisibles que operan en planos distintos. La existencia, en esta perspectiva, no es un flujo neutro de eventos. Es un campo de tensión perpetua. Y en ese campo, dos principios se enfrentan con intensidad silenciosa y devastadora: el orden y el caos, la luz y la oscuridad, Ahura Mazda y Angra Mainyu. El mundo no es escenario de esta disputa —es parte de ella. Y cada ser vivo, en especial el ser humano, es pieza fundamental en el desenlace del gran conflicto cósmico.

Desde los albores de la revelación recibida por Zaratustra, quedó claro que la creación no está a la deriva. Ahura Mazda creó el mundo con propósito: establecer el orden, la justicia, la armonía. Su Espíritu Benevolente, Spenta Mainyu, infundió la realidad con bondad, sabiduría y discernimiento. El cosmos fue proyectado como expresión de la verdad, con leyes precisas que reflejan su origen divino. Nada fue hecho en vano. Cada elemento —el fuego, el agua, la tierra, el pensamiento, la palabra— carga en sí el sello de la intención creadora.

Pero donde hay orden, hay amenaza de disolución. Angra Mainyu, el Espíritu Destructivo, rechazó este orden. No es un oponente externo, venido de fuera del sistema —es la ruptura interna, la negativa consciente, la negación del bien. Su existencia es una reacción. Vio el mundo perfecto de Mazda y lo odió. No por envidia, sino por incapacidad de soportar la integridad. Y su decisión fue clara: corromper, herir, borrar todo lo que fuera reflejo de Asha —la Verdad Cósmica.

A partir de ese momento, el conflicto se instaló. No como una batalla de fuerzas equivalentes, sino como una resistencia desesperada de la oscuridad ante el avance de la luz. Angra Mainyu no posee poder de creación. Por eso, su estrategia es subvertir lo que ya existe. Si hay amor, insufla el orgullo. Si hay rectitud, susurra duda. Si hay claridad, esparce confusión. No actúa como un guerrero, sino como un veneno: insidioso, imperceptible al principio, devastador en su avance.

El escenario de este conflicto es triple. Ocurre en el plano espiritual, donde los Amesha Spentas enfrentan a las huestes de los daevas —los espíritus malignos que sirven a Angra Mainyu. Sucede en el plano cósmico, donde la naturaleza lucha por mantenerse pura frente a la corrupción. Y, sobre todo, ocurre en el plano humano. Pues es en el interior del alma donde la guerra se intensifica. Cada pensamiento es una chispa que puede alimentar la luz o la sombra. Cada decisión es una pequeña batalla con repercusiones que trascienden la vida individual. El ser humano, en este contexto, es más que espectador. Es soldado y campo de batalla.

La conciencia humana es donde Ahura Mazda y Angra Mainyu se confrontan con más furia. La mente que piensa con bondad se convierte en templo de la luz. La palabra que construye se torna espada del bien. La acción que respeta la vida y promueve la justicia es como una muralla contra el avance de las tinieblas. Pero lo inverso también es verdadero. Cuando el ser humano miente, traiciona, oprime, no solo falla moralmente —colabora con el enemigo de la creación.

Este conflicto no es solo una metáfora espiritual. Se expresa en la historia, en los ciclos de decadencia y renovación, en las caídas de los imperios y en las revoluciones silenciosas. Cada época tiene su peso de luz y sombra. Cada cultura, su lucha particular entre Asha y Druj. Y el destino del mundo no está predeterminado. Depende de la acumulación de estas elecciones. Cuantas más almas se vuelven hacia el bien, más fuerte se torna el dominio de la verdad. Cuando muchas se rinden al mal, la realidad se aproxima a la fragmentación.

Por eso, el Zoroastrismo no enseña resignación. Enseña acción. No basta meditar sobre el bien —es preciso practicarlo. No basta denunciar el mal —es preciso enfrentarlo con coraje y discernimiento. La ética zoroastriana es una ética de combate. No violento, pero firme. No radical, pero absolutamente claro. La rectitud no se negocia. La verdad no se curva. La luz no acepta estar en medio de la penumbra para agradar a las sombras.

Hay un destino trazado, sí. Pero es condicional. La creación fue hecha para triunfar. Ahura Mazda planeó un fin glorioso: el Frashokereti —el tiempo de la renovación, cuando el mal será destruido y el universo restaurado a su perfección original. En ese tiempo, el puente Chinvat servirá de umbral para cada alma, y la balanza de la verdad será implacable. No habrá apelación posible. Lo que cada uno eligió, vivirá. Y el mal, expuesto por completo, será finalmente vencido. Pero este fin no es inevitable. Depende de la colaboración de los justos, de los despiertos, de los que mantienen la llama encendida incluso en las noches más densas.

El Zoroastrismo enseña que cada generación carga el deber de mantener la creación viva. No solo con oraciones, sino con actos. El agricultor que cultiva con respeto a la tierra, el juez que decide con imparcialidad, el maestro que enseña con paciencia —todos ellos son guerreros de Mazda. Sus herramientas son las virtudes. Su escudo es la conciencia despierta.

Angra Mainyu, por su parte, actúa para impedir que ese fin suceda. Su proyecto es la perpetuación de la mentira. Desea que el hombre crea que el mal es necesario, que la injusticia es inevitable, que la bondad es ingenua. Manipula las estructuras, corrompe los lenguajes, insinúa que todo es relativo. Pero la revelación de Zaratustra no deja espacio para la ambigüedad: el bien es real. El mal también. Y elegir entre ellos es la más profunda forma de espiritualidad.

El conflicto cósmico, por lo tanto, no es sobre poder. Es sobre fidelidad. Quien permanece fiel a la luz, incluso ante las pérdidas, los dolores, la soledad, ya venció la batalla que importa. Y esa victoria no es invisible. Reverbera en el orden del mundo. Cada acto de bondad inclina la balanza cósmica. Cada elección ética fortalece los cimientos de la creación.

Hay, entonces, un heroísmo cotidiano en el corazón de la doctrina zoroastriana, que transforma lo común en sagrado. No se trata de hazañas espectaculares ni de gestos grandiosos, sino de la integridad sostenida en el silencio de las pequeñas decisiones. El verdadero guerrero de la luz es aquel que mantiene la palabra cuando sería más fácil retroceder, que actúa con justicia incluso cuando nadie observa, que elige el bien sin esperar recompensa. Ese es el campo donde el conflicto se define: no en los cielos distantes, sino en la intimidad de la conciencia humana.

La batalla del cosmos se libra con el verbo, con el gesto, con la elección. Y eso es lo que confiere al ser humano un valor inconmensurable —es el vínculo entre lo visible y lo invisible, el punto donde lo divino decide confiar. Esa confianza es también una responsabilidad. No se puede alegar ignorancia. La verdad fue revelada, y con ella, el llamado. La neutralidad es imposible. La omisión es una forma de concesión al mal. En un universo donde la luz pide colaboración activa, el silencio ante la injusticia es complicidad.

Por eso, el conflicto cósmico no exige solo fe, sino lucidez. El despertar moral es un imperativo. No basta saber —es preciso querer. No basta querer —es preciso hacer. Cada generación es convocada a renovar este pacto con la creación, a reescenificar el drama del discernimiento entre Asha y Druj, entre lo que sustenta y lo que desagrega. Y la eternidad observa —no con juicio impersonal, sino con esperanza.

La esperanza, al fin y al cabo, es el hilo invisible que recorre toda la narrativa cósmica. No la esperanza pasiva, que espera que el bien venza por sí solo, sino la esperanza activa, hecha de elección consciente y acción recta. Esa esperanza sabe que la oscuridad es ruidosa, pero no eterna. Que la mentira grita, pero no permanece. Que el mal se organiza, pero no prevalece ante la claridad del bien. Y es por eso que el conflicto cósmico, a pesar de ser intenso, carga en sí la certeza de un desenlace luminoso —no porque será fácil, sino porque será justo.

Capítulo 8
La Creación Divina

La creación no es un acto fortuito ni un capricho divino lanzado al vacío. En el Zoroastrismo, es un gesto consciente, meticuloso, ético. Ahura Mazda, al dar forma al mundo, no buscó entretenimiento, dominio o adoración. Creó por amor al orden, por la necesidad de manifestar, en realidad concreta, los principios eternos de sabiduría, verdad y justicia. Crear es extenderse, multiplicarse en formas vivas y armoniosas. Y cada etapa de la creación revela más sobre la mente del Creador y el destino del universo.

La tradición zoroastriana describe el proceso de la creación como siete actos secuenciales, cada uno correspondiendo a un aspecto de la realidad y a una de las emanaciones divinas de Mazda, los Amesha Spentas. Ese número, siete, carga una armonía interna, pues representa totalidad y equilibrio. Siete días, siete virtudes, siete pilares que sustentan el edificio cósmico. Y no por casualidad, cada una de estas etapas revela la profundidad con que Ahura Mazda entrelaza espíritu y materia, sentido y forma.

En el primer acto, Mazda creó el Cielo. No el firmamento solo como un techo azul, sino como el espacio divino donde el orden se establece. El cielo es el escudo que protege la creación del caos que acecha más allá de las fronteras del mundo. Es vasto, silencioso y sereno, como la mente del Creador. Asociado al Amesha Spenta Khshathra Vairya, el Dominio Ideal, el cielo simboliza el reino justo que se cierne sobre el mundo e inspira a los hombres a la equidad.

En el segundo acto, vino el Agua. Fuente de vida, espejo del cielo, elemento de purificación. El agua representa movimiento sin destrucción, fuerza que lava sin herir. Bajo el amparo de Haurvatat, la Plenitud, carga la memoria del origen y la promesa de la continuidad. En su fluidez, está la enseñanza de que la vida debe adaptarse sin perder su esencia. Toda alma pura reconoce la voz de Mazda en el sonido de un río que corre en libertad.

El tercer acto de creación fue la Tierra. Base firme, suelo donde los pasos cobran sentido. Crear la tierra fue hincar los pilares de la manifestación. Es bajo su superficie que la semilla duerme, que el tiempo escribe su presencia, que los ciclos se renuevan. La tierra es el vientre de la creación, fértil, paciente, silenciosa. Spenta Armaiti, la Devoción Amorosa, la gobierna. Y en ella está inscrita la humildad: todo lo que se erige un día retornará a ella, no como fin, sino como reinicio.

En el cuarto acto, Ahura Mazda creó las Plantas. Y con ellas, inauguró la nutrición, el sustento que no exige sangre. Las plantas son dádivas silenciosas, que ofrecen vida sin violencia. Crecen hacia la luz, pero se hincan en lo oscuro, recordando que la ascensión comienza en la raíz. Ameretat, la Inmortalidad, preside esta creación. Pues las plantas, incluso segadas, esparcen semillas, y en ellas vive la promesa de que la vida se rehúsa a cesar.

A continuación, vinieron los Animales, quinto acto del Creador. La presencia animal en la creación es más que función biológica —es símbolo de la conexión sensible entre seres. Entre ellos, el ganado es especialmente reverenciado, pues representa la inocencia que sirve sin destrucción, el ciclo de vida que alimenta sin agredir. Vohu Manah, la Buena Mente, guía esta esfera, recordando al hombre que el cuidado de los animales es expresión de sabiduría y compasión. Matar por crueldad, explotar por codicia, es cooperar con Angra Mainyu. Proteger y respetar es aliarse a Mazda.

El sexto acto de creación fue el Hombre. No como un ser superior por derecho, sino como guardián consciente de la creación. El hombre fue dotado de razón, palabra y voluntad para cooperar con lo divino. Es puente entre el espíritu y la materia, entre el cielo y la tierra. En su mente habita la capacidad de elegir, y en esa elección reside la más alta forma de libertad y de riesgo. El ser humano es llamado a reflejar la luz de Ahura Mazda a través de pensamientos justos, palabras verdaderas y acciones puras. Su existencia es sagrada porque participa del destino del mundo. Es tanto espectador como protagonista del drama cósmico.

El séptimo y último acto fue el Fuego. No el fuego que destruye, sino el que ilumina y purifica. El fuego zoroastriano es la presencia visible de lo invisible. No es objeto de adoración, sino la señal tangible de la verdad que arde sin consumir. Asha Vahishta, la Verdad

Suprema, reside en este elemento. Él es el guardián de la conciencia, el filtro de la impureza, la lámpara que no se apaga en el corazón del justo. Es por eso que, en los altares zoroastrianos, una llama se mantiene encendida: para recordar que la luz del bien es continua, incluso cuando la noche parece infinita.

Estos siete actos no son eventos pasados. Son estructuras del presente. El mundo está constantemente siendo creado, porque la creación es sustentación, no solo origen. Ahura Mazda no se apartó después de moldear el mundo. Permanece, emanando su sabiduría a través de los Amesha Spentas, renovando cada instante, inspirando a cada ser.

Pero esta creación está bajo ataque constante. Angra Mainyu, consciente de su incapacidad de generar, intenta infiltrarse en las etapas de la creación para deformarlas. Envenena los ríos, contamina el aire, corrompe la tierra con codicia. Hace de la mente un campo de guerra, de las palabras instrumentos de mentira, de las acciones, vehículos de egoísmo. La batalla por la creación es permanente. Y corresponde al hombre, como parte de esta creación y agente libre, decidir de qué lado actuará.

Por eso, cada elemento del mundo es también un campo sagrado. Cuidar del suelo, de las aguas, de los animales, es una forma de culto. Preservar la verdad, respetar la vida, vivir con simplicidad y dignidad es mantener la creación viva. La creación no es algo que ocurrió en un tiempo mítico —está sucediendo ahora. Y puede ser fortalecida o herida a cada instante, según los actos humanos.

La espiritualidad zoroastriana no propone huida del mundo. Propone presencia absoluta. Estar en el mundo con conciencia, viendo cada parte de la realidad como portadora de sentido y dignidad. El universo no es un accidente. Es un organismo divino. Y cada criatura, cada gesto, cada palabra es una costura en ese tejido.

Esta perspectiva confiere a la existencia un carácter de reverencia continua. Vivir es participar en el mantenimiento del cosmos. Lo cotidiano se vuelve sagrado cuando es atravesado por esta percepción de que todo está interconectado —el gesto de plantar un árbol, la elección de una palabra honesta, el cuidado de un animal o la gratitud silenciosa al beber agua limpia. Nada es demasiado pequeño cuando se vive dentro de una creación que pulsa con el soplo divino. La verdadera espiritualidad, aquí, no se aísla en templos, sino que se infiltra en el mundo y transforma cada momento en altar.

Y es por eso que el hombre no solo habita la creación: colabora con ella o la hiere, la sustenta o la traiciona. La fidelidad a la creación exige atención y coraje. No es posible permanecer neutral ante un universo que depende de nosotros para mantener su integridad. Angra Mainyu se manifiesta en los hábitos negligentes, en la codicia disfrazada de progreso, en el irrespeto enmascarado de pragmatismo. Reconocer esto es también aceptar el llamado ético que pulsa en cada detalle de la existencia. No hay separación entre ecología y espiritualidad, entre ética y devoción. El cuidado de la tierra es también el cuidado del alma. Y cuando el hombre actúa alineado con los principios que rigen los siete actos de la creación, transforma el mundo en un espejo cada vez más límpido de la mente de Mazda.

Vivir de forma justa, en este contexto, es más que cumplir mandamientos: es afinarse con el propio ritmo del universo. El Zoroastrismo nos invita a participar en la creación como artesanos conscientes, como guardianes de la luz que emana de cada ser. Y esa luz no exige milagros, sino integridad. Porque la creación divina aún está en curso, y el destino del mundo permanece entrelazado a la calidad de los pensamientos, las palabras y las acciones de cada uno. Quien comprende esto ya no camina solo —camina con la propia esencia de lo sagrado bajo los pies.

Capítulo 9
Los Siete Inmortales

En el centro vivo de la espiritualidad zoroastriana, donde lo sagrado se despliega en función y sentido, se encuentran los Amesha Spentas —los Siete Inmortales. No son dioses aislados ni figuras autónomas en la jerarquía divina. Son, más bien, emanaciones puras de Ahura Mazda, aspectos de su inteligencia creadora manifestados como principios cósmicos y éticos. Cuando Mazda creó el universo, Él no solo dio origen a la materia y al espíritu, sino que imprimió su propia esencia en siete formas vivas, eternas, perfectas.

La palabra "Amesha Spenta" puede traducirse como "Inmortal Benevolente" o "Santo Inmortal". Estos seres no mueren porque no pertenecen a la materia corruptible. Existen en un plano donde el tiempo no corroe y el mal no penetra. Aun así, sus influencias se derraman en el mundo, como ríos espirituales que alimentan todas las cosas creadas. Son fuerzas conscientes, inteligencias operantes, presencias vivas. Cada uno de ellos es al mismo tiempo un arquetipo espiritual, un elemento de la naturaleza y un valor ético. No están presos en la abstracción: actúan.

El primero de estos inmortales es Vohu Manah, la Buena Mente. Es por medio de Él que la sabiduría entra en el mundo. Inspira el pensamiento justo, el discernimiento limpio, el raciocinio que busca la compasión. Vohu Manah está presente cuando la mente se rehúsa a corromperse, cuando elige la rectitud aunque el error prometa atajos. Es Él quien conduce a Zaratustra a la presencia de Ahura Mazda, según relatan los Gathas. En términos cósmicos, Vohu Manah está asociado a los animales, especialmente al ganado, símbolo de inocencia y utilidad pacífica. La mente justa reconoce la dignidad de la vida y la trata con respeto.

A continuación viene Asha Vahishta, la Verdad Suprema. No se trata de verdad en el sentido relativo o conceptual, sino de la estructura última de la realidad. Asha es el orden perfecto, el alineamiento entre lo que es y lo que debe ser. Donde hay justicia, hay Asha. Donde hay armonía, hay Asha. Su dominio es el fuego, símbolo de purificación y luz. La verdad consume la mentira como el fuego consume el velo de la oscuridad. Invocar a Asha es buscar vivir en sintonía con la esencia de lo real, sin distorsiones, sin atajos morales, sin justificaciones para el error.

Khshathra Vairya viene en tercero, representando el Dominio Ideal. No es solo el concepto de gobierno justo, sino la fuerza que establece la autoridad legítima. Su elemento es el metal —duro, resistente, incorruptible. Está presente donde el poder es ejercido con justicia, donde el liderazgo sirve al bien común y no a la vanidad. En Khshathra, la realeza se vuelve sagrada, siempre que sea usada como instrumento del orden. Protege a los que gobiernan con sabiduría y condena a los que usurpan el poder. Recuerda que toda autoridad debe imitar la estructura cósmica: fuerte, justa, servil al bien.

El cuarto inmortal es Spenta Armaiti, la Devoción Amorosa. Es la más cercana a la tierra, y también la más silenciosa. Su presencia se siente en la humildad, en la paciencia, en el cuidado cotidiano. No se impone, sino que sustenta. Gobierna el suelo fértil, símbolo de la fe que nutre y abriga. Armaiti es el espíritu de la mujer sabia, de la madre que protege, del trabajador que siembra. Su devoción no es pasividad —es resistencia firme, es fidelidad que no se tambalea. Representa la fuerza de la entrega y la potencia del servicio como formas superiores de espiritualidad.

Haurvatat, la Plenitud, es la quinta. Gobierna las aguas, elementos de cura, purificación e integración. Haurvatat actúa donde hay salud, integridad emocional, equilibrio. Su energía es la de la completitud, de la totalidad que no carece de excesos. Es invocada en rituales de bendición, en pedidos por armonía. Su presencia disuelve los conflictos internos, pacifica las emociones, alinea los ritmos del cuerpo con los del alma. Su agua no solo limpia —consagra. Donde ella toca, florece la reconciliación entre el ser y su origen.

A su lado está Ameretat, la Inmortalidad, guardiana de las plantas y de la continuidad de la vida. Si Haurvatat protege el ahora, Ameretat garantiza el después. Está en los ciclos de la naturaleza, en la resiliencia de los bosques, en la semilla que resurge después del invierno. Su espíritu actúa donde la vida se renueva, donde el fin es vencido por la permanencia. También vela por las almas de los justos hasta la resurrección. Su acción es silenciosa, pero vital: sin ella, no habría mañana. Ameretat es la respuesta de Mazda a la amenaza de Angra Mainyu. Afirma, con su existencia, que el bien es eterno.

El séptimo aspecto es el propio Spenta Mainyu, el Espíritu Benevolente de Ahura Mazda. No es exactamente uno de los seis Amesha Spentas, pero los envuelve a todos como fuente y principio. Spenta Mainyu es la emanación directa del propio Dios. Es el espíritu con el cual Mazda creó el mundo. Es la fuerza que insufla bondad en la creación, libertad en el ser humano y sabiduría en los que eligen el bien. Es el impulso creador que anima la existencia con luz.

Estos siete inmortales operan en unidad. No compiten entre sí. Cada uno ocupa un lugar específico en la estructura del cosmos y del espíritu humano. Juntos, forman el armazón sagrado que sustenta el mundo. Comprenderlos es comprender cómo actúa Ahura Mazda: no como un rey distante, sino como una luz que se esparce en rayos distintos, cada cual cumpliendo una función esencial.

Los Amesha Spentas también tienen un papel ritual y devocional. Cada uno puede ser invocado en plegarias específicas, según la necesidad: sabiduría, cura, protección, orientación moral. En los templos zoroastrianos, el fuego arde en su homenaje, pues cada llama es un reflejo de la luz que cada inmortal carga. No exigen sacrificios —exigen conciencia. No desean temor —inspiran fidelidad.

No son solo entidades espirituales. Son guías. Son mapas vivos. Son fuerzas actuantes que tocan el mundo visible e invisible. El agricultor que respeta la tierra está con Armaiti. El juez que pesa con justicia actúa bajo Khshathra. El médico que cura con verdad se aproxima a Haurvatat. El poeta que busca claridad se alinea con Vohu Manah. Todos los que eligen el bien, en cualquier forma, son sus aliados.

Esta alianza, sin embargo, no se da solo por la acción puntual, sino por el modo en que el ser humano configura su vida entera en resonancia con estos principios. Los Amesha Spentas no están distantes, esperando reconocimiento formal —se manifiestan en cada gesto de lucidez, en cada movimiento de compasión, en cada decisión tomada con responsabilidad. La espiritualidad zoroastriana los entiende no como figuras a ser adoradas, sino como realidades con las que se puede convivir. La devoción, en este sentido, no se resume a la oración: es un modo de ser en el mundo. Vivir según los Spentas es afinarse con la inteligencia del universo, convertirse en un canal donde lo divino no solo toca, sino que transforma la realidad.

En una era donde lo sagrado muchas veces se oculta bajo el ruido del ego, los Siete Inmortales permanecen como fundamentos silenciosos, pero potentes, de un camino espiritual posible. Cada uno de ellos invita al ser humano a cultivar dentro de sí aquello que sustenta el mundo: claridad de mente, rectitud de acción, generosidad de alma, humildad de postura, salud integral, esperanza en la continuidad y apertura al espíritu. Son virtudes antiguas y, al mismo tiempo, urgentemente contemporáneas. Y es por eso que los

Amesha Spentas no pertenecen solo a un tiempo remoto, sino que respiran en el ahora, dondequiera que alguien elija vivir con lucidez y verdad.

Al reconocer estos principios como presencias vivas, el ser humano se reposiciona ante el cosmos. Ya no se ve como mero pasajero en un mundo extraño, sino como partícipe consciente de un proyecto mayor. Los Siete Inmortales no se imponen con milagros ni con dogmas —se insinúan como un llamado interior, un recuerdo de que es posible vivir con sentido, con justicia y con belleza. Seguirles no es rendirse a una moral externa, sino redescubrir, en cada paso, la chispa de un Creador que confió al hombre el privilegio —y el deber— de ser guardián de la luz.

Capítulo 10
Vohu Manah

Entre los siete pilares espirituales que sustentan la creación, Vohu Manah —la Buena Mente— se erige como el primer reflejo de la conciencia de Ahura Mazda, el más cercano al alma humana y, por eso, el más decisivo en la travesía moral de cada individuo. Vohu Manah no es solo una cualidad ética, sino una presencia viva y actuante que orienta el pensamiento hacia la luz, lo desvía de la mentira y la corrupción, y sopla en el silencio de la mente las direcciones de la justicia. En un universo donde el libre albedrío es la más sagrada de las herramientas humanas, la acción de Vohu Manah es la más esencial.

Su nombre, compuesto por las palabras "vohu" (bueno) y "manah" (mente o pensamiento), revela más que un ideal filosófico. Vohu Manah es la propia estructura mental correcta, la mente que piensa con claridad, compasión y sabiduría. Pensar con bondad, en el Zoroastrismo, no es una elección emocional —es un acto de coraje espiritual. Es alinearse con el principio de la verdad antes de que se manifieste en las palabras o en las acciones. Vohu Manah habita ese espacio liminar entre el pensamiento y la elección, siendo la primera línea de defensa contra el avance sutil de Angra Mainyu.

Fue él, según los Gathas, quien condujo a Zaratustra hasta la presencia de Ahura Mazda. No fue un ángel en el sentido tradicional, ni un espíritu mensajero externo. Vohu Manah apareció como una iluminación interna, una claridad que rompió el velo de la duda, como una linterna encendida en la caverna oscura de la mente humana. Zaratustra vio la luz de la verdad no en los cielos, sino en su propio entendimiento —y ese entendimiento era Vohu Manah. Desde entonces, todos los que buscan la rectitud deben, primero, atravesar ese mismo camino interior.

La acción de Vohu Manah está profundamente enraizada en la conciencia moral. No grita, no impone, no seduce. Susurra. Sugiere con firmeza. Conduce sin forzar. Por eso, su presencia depende de la escucha activa, de la mente limpia, de la disposición a abandonar el orgullo y las ilusiones. La mente tomada por la vanidad no oye a Vohu Manah. El corazón que teme la verdad no reconoce su voz. Habla solo donde hay espacio para lo real, donde la búsqueda no es por la conveniencia, sino por la justicia.

En términos cósmicos, Vohu Manah está asociado a los animales —especialmente al ganado, que en el mundo antiguo representaba la base del sustento, la docilidad, la persistencia y el beneficio mutuo. Cuidar de los animales, respetarlos, proteger su integridad era, y aún es, una forma de honrar a Vohu Manah. No por idolatría al animal, sino porque los seres vivos que coexisten con el hombre son reflejos de su capacidad de vivir con compasión y discernimiento. El abuso, la crueldad gratuita, la explotación son crímenes no solo contra la naturaleza, sino contra la propia mente justa.

En las tradiciones zoroastrianas, el ganado asume un papel simbólico porque su presencia exige del hombre equilibrio: necesita la tierra, el agua, la atención humana —pero también retribuye con alimento, fuerza y compañía. El hombre que trata bien a sus animales, que reconoce en ellos una porción de la creación de Mazda, demuestra que su mente no ha sido corrompida por el egoísmo. Esa conexión entre ética y cotidiano es el sello de Vohu Manah. No habita los salones de la teoría —se manifiesta en la práctica viva de la rectitud.

En el plano espiritual, Vohu Manah actúa como el primer protector del alma. Al nacer, el ser humano carga el potencial de pensar con bondad. Ese potencial es semilla plantada por él. A lo largo de la vida, esa semilla puede ser sofocada por el orgullo, el odio y la ignorancia, o puede ser nutrida con reflexión, escucha y honestidad. Vivir con Vohu Manah es un ejercicio constante: pensar antes de hablar, cuestionar antes de seguir, discernir antes de actuar. La mente no es un espejo —es un campo de batalla. Y la buena mente es aquella que se rehúsa a ser campo para mentiras.

Las oraciones dedicadas a Vohu Manah piden no solo inteligencia, sino claridad ética. No piden solo conocimiento, sino sabiduría. Pues la mente puede ser afilada y aun así perversa. Vohu Manah no tolera la astucia que sirve a la vanidad, ni la lógica que justifica el erro. Él es la pureza de la razón que se rehúsa a ser sierva del ego. Su presencia es percibida en las decisiones silenciosas, en los pensamientos que nadie ve, en las intenciones que definen los caminos del destino humano.

No camina solo. Su actuación se conecta directamente con la de Asha Vahishta, pues el pensamiento correcto conduce a la verdad, y la verdad sustenta el orden del mundo. También se entrelaza con Spenta Armaiti, pues una mente que piensa bien debe inclinarse con humildad ante lo que es justo. Vohu Manah es la chispa que inicia el proceso, el primer paso en el sendero de la iluminación interior. Sin él, no hay virtud que se sustente, ni pureza que permanezca.

Es también a través de Vohu Manah que el juicio se inicia. Después de la muerte, cuando el alma atraviesa el puente Chinvat, son los pensamientos los que serán pesados primero. La buena mente, si cultivada, será como alas que sustentan la travesía. La mente corrompida, por otro lado, será el peso que arrastra el alma hacia el abismo. Por eso, vivir con Vohu Manah no es solo una cuestión moral —es una preparación para la eternidad.

Los que siguen este camino no se convierten en santos inalcanzables. Se convierten en seres conscientes. La buena mente no es ausencia de error —es presencia constante de arrepentimiento y corrección. No es pureza innata —es conquista diaria. Es el esfuerzo de mirarse a sí mismo sin máscaras, de pensar antes de actuar, de elegir el bien incluso cuando el mal parece más fácil.

En un mundo seducido por la velocidad, por el ruido y por la apariencia, Vohu Manah es el llamado a la lentitud, a la escucha, a la esencia. No es exclusivo de religiosos o eruditos. Se manifiesta en el campesino que planta con honestidad, en el niño que elige la verdad, en el anciano que enseña con paciencia. Vohu Manah vive donde hay dignidad en el pensar. Su presencia no depende de rituales grandiosos, sino de pequeños gestos conscientes. Él es el recuerdo de que el mundo cambia primero dentro de la mente. Y que la mente justa es la primera forma de luz que puede vencer, todos los días, el asalto invisible de Angra Mainyu.

Esa luz silenciosa que Vohu Manah enciende en la mente humana no se impone con fanfarrias, sino que resplandece con profundidad donde hay disposición para el autoconocimiento. En un tiempo en que las ideas se convierten en armas y el discurso frecuentemente se aleja de la realidad, la presencia de este Inmortal actúa como antídoto contra la arrogancia del intelecto desalmado. Invita al retorno a lo esencial: pensar como quien sirve, no como quien domina; razonar como quien desea curar, y no vencer. Porque la buena mente no es solo lúcida —es compasiva. Y ese encuentro entre claridad y empatía es lo que transforma el pensamiento en instrumento de redención.

Tal vez por eso, Vohu Manah sea el más íntimo de los Amesha Spentas. No habita altares distantes ni exige vocaciones extraordinarias. Está a la puerta de cada reflexión, esperando ser elegido. Su morada es la intención, su templo es la conciencia despierta. Vivir con él es ejercitar el más difícil de los trabajos: el de sostener el bien incluso cuando nadie está mirando, el de rechazar atajos incluso cuando el cansancio invita a la negligencia. La buena mente no es un presente que se recibe una vez, sino una práctica que se renueva cada amanecer.

Seguir a Vohu Manah es, por lo tanto, seguir un camino de lucidez moral y serenidad activa. Es tomar para sí la tarea de ser fuente de claridad en un mundo frecuentemente tomado por sombras. Es hacer de la mente un espejo donde el reflejo de Ahura Mazda pueda surgir, aunque sea por instantes, con nitidez. Y, en esa elección constante por el buen pensar, el hombre se convierte en coautor de la creación —no solo viviendo en el mundo, sino ayudando a sustentarlo, pensamiento por pensamiento, gesto por gesto, como quien, al cuidar de su propia mente, cuida del destino del universo.

Capítulo 11
Asha Vahishta

Si Vohu Manah es la semilla del pensamiento justo, Asha Vahishta es el campo donde ese pensamiento se enraíza y florece como vida íntegra. Asha, palabra cuya profundidad no encuentra espejo exacto en otro idioma, significa más que verdad. Es verdad como realidad ordenada. Es también rectitud, justicia, pureza, armonía, el ritmo del cosmos cuando está en su cadencia correcta. Y Asha Vahishta —"la Mejor Verdad"— es la emanación suprema de este principio en forma viva, una de las siete manifestaciones de Ahura Mazda, sostén del mundo y de la conciencia despierta.

Asha no es concepto, no es doctrina, no es idea. Es la propia columna vertebral de la realidad. Es por medio de ella que el mundo se mantiene estable, coherente, respirando en equilibrio. Cuando el sol se levanta cada mañana, cuando el fuego consume impurezas y revela claridad, cuando la palabra justa rescata un alma de la confusión —Asha Vahishta está presente. Su acción es la más pura entre todas, porque nada busca para sí. No juzga con sentimientos, sino con precisión. Su criterio es absoluto: o algo está alineado con el orden, o no lo está.

La presencia de Asha se percibe en el ritmo de la naturaleza. En el fluir de las estaciones, en el retorno de la lluvia a la tierra seca, en el brotar de la flor en la grieta de la piedra. Todo lo que se repite con exactitud, todo lo que nace en conformidad con su propósito esencial, está bajo la regencia de Asha. El universo no es caos. El caos es la sombra proyectada por la acción de Angra Mainyu sobre la creación. La realidad, en su estado original y pleno, es Asha. Y el papel del ser humano es alinear su vida con este flujo, como un río que corre hacia su destino sin resistirse al curso natural.

En el Zoroastrismo, vivir de acuerdo con Asha es más que ser bueno —es ser real. La falsedad es considerada la mayor corrupción porque no solo engaña: hiere la estructura del cosmos. La mentira, el desorden, el desequilibrio no son solo errores morales, sino afrentas al tejido mismo de la creación. Es por eso que Asha Vahishta también está ligada al fuego. El fuego no solo ilumina, sino que revela. Quema las ilusiones, transforma lo impuro, calienta el frío de la indiferencia. En el templo zoroastriano, donde la llama sagrada nunca se apaga, es la presencia de Asha la que arde en silencio.

La asociación de Asha con el fuego es una de las imágenes más poderosas del Zoroastrismo. El fuego no es adorado, sino reverenciado como símbolo vivo de la luz moral. Nunca acepta lo falso. No simula calor: o calienta o no es fuego. Consume lo que no tiene esencia. De la misma forma, Asha no negocia con la mentira. Su justicia es precisa, pero no punitiva —es reveladora. Quien vive en verdad no teme a Asha. Quien se esconde en las sombras, por otro lado, no soporta su presencia.

La acción de Asha Vahishta no está limitada al universo físico. Opera también en el mundo humano, en las estructuras sociales, en los juicios éticos, en la conciencia que acusa y redime. El juez que pesa con imparcialidad, el gobernante que distribuye con equidad, el profesor que enseña sin manipular, todos actúan bajo la inspiración de Asha. Ella es la medida justa en todas las cosas. El camino del medio no por tibieza, sino por exactitud. Vivir con Asha es ser justo sin dureza, verdadero sin crueldad, puro sin vanidad.

Ella también tiene función decisiva después de la muerte. Cuando el alma se presenta ante el puente Chinvat, es Asha quien define la anchura de la travesía. No basta tener buenas intenciones —es preciso haber vivido en conformidad con el orden. La balanza del alma no se desequilibra con deseos, sino con acciones. Asha es el criterio, la regla, el espejo. No hay cómo mentirle. Lo que se fue, será revelado. Lo que se hizo, será medido. Ella es la memoria de la creación y la testigo del camino de cada ser.

Pero no se debe temer a Asha. Ella es belleza y perfección. El hombre justo la ama como se ama la música que emociona, el trazo perfecto de una obra de arte, el silencio que precede a la verdad. No es policía cósmica —es la armonía de la cual todos venimos y a la cual todos debemos retornar. Sus seguidores no son los que se inclinan de miedo, sino los que se yerguen con dignidad. Vivir con Asha es caminar con el universo, sin resistencia, sin engaño, sin disfraz.

En el cuerpo humano, ella está en el pulso de la respiración, en la claridad de la mirada, en la firmeza de la palabra. Está en el gesto que no necesita justificarse, en la elección que no duda, en la respuesta que no vacila. En el mundo, está en la flor que desabrocha sin testigos, en la lluvia que cae sin pedido, en el tiempo que pasa sin cesar. Todo lo que no miente, que no enmascara, que no traiciona su origen —carga la marca de Asha Vahishta.

Ella también orienta los rituales. En el Yasna, el principal oficio litúrgico del Zoroastrismo, la invocación de Asha es constante. Sus fórmulas habladas, repetidas en cadencia precisa, son como una reconstitución del orden cósmico a través de la palabra. Cuando los sacerdotes recitan los himnos, no están solo alabando, están realineando el mundo, purificando los espacios, curando el lenguaje. El lenguaje es, por cierto, uno de sus dominios más sensibles. Toda palabra proferida debe ser verdadera —no solo en los hechos, sino en la intención. Mentir es quebrar el vínculo con lo sagrado.

Asha Vahishta no exige perfección, sino dirección. No condena lo que es imperfecto, sino lo que se rehúsa a caminar. El justo no es el que nunca cae, sino el que se levanta siempre hacia el lado correcto. El error no es el fin —es el campo de aprendizaje. Pero el engaño voluntario, el desvío planeado, el fingimiento — esos son los crímenes contra la verdad. Contra Asha, nada puede esconderse.

Por eso, su presencia en la vida del fiel es un faro. Muestra lo que necesita ser ajustado, y ofrece luz para hacerlo. No es el castigo, sino el camino que impide el castigo. Vivir con Asha Vahishta es el mayor escudo contra Angra Mainyu, que solo prospera donde la verdad es negada. Asha no grita, pero con ella, todo resuena con sentido. Es en ella que la existencia se vuelve melodía, y el caos se deshace como sueño al despertar.

Hay algo profundamente consolador en saber que la propia estructura del universo pulsa con el principio de Asha. En medio de las imperfecciones del mundo visible, de los desvíos humanos y de las sombras que Angra Mainyu lanza sobre la creación, Asha permanece inalterada, como una línea de oro atravesando el tiempo, disponible a quien desee alinearse con ella. No es una fuerza que exija rituales grandiosos ni sacrificios dolorosos —exige presencia, claridad y compromiso con lo que es real. Es posible vivir con Asha en el más humilde de los trabajos, en la más simple de las elecciones, siempre que se hagan con entereza. Ella es el soplo que endereza el alma cuando el mundo parece doblado.

Es por eso que Asha Vahishta no puede ser conquistada por argumentos ni negociaciones. Se revela a aquel que se dispone a vivir con verdad en cada acto, incluso cuando nadie está viendo, incluso cuando la verdad parece costosa. Porque vivir en Asha no es eximirse de los dolores del mundo —es darles sentido. Es comprender que toda elección tiene reverberación, que toda mentira rompe un vínculo invisible entre el ser y el cosmos, y que toda fidelidad a la verdad, por menor que parezca, es un paso firme hacia la completitud.

La espiritualidad zoroastriana, al colocar a Asha como eje, enseña que la belleza de la vida no está en la ausencia de conflicto, sino en la coherencia con que se camina. Y cuando el fuego arde en el altar o en el corazón, cuando la palabra justa es dicha incluso bajo riesgo, cuando la elección difícil es hecha por fidelidad a aquello que es correcto, Asha Vahishta se manifiesta —no como espectáculo, sino como certeza silenciosa. Ella es la prueba de que hay un orden posible, de que el bien no es ilusión, de que la verdad es, sí, habitable. Y quien elige caminar con ella tal vez no evite todas las caídas, pero encontrará siempre el suelo firme para reerguirse. Porque Asha es, en última instancia, el suelo de la propia realidad: estable, claro y listo para sustentar a aquellos que deciden, con coraje, vivir a su altura.

Capítulo 12
Khshathra Vairya

En medio de la complejidad luminosa del panteón espiritual del Zoroastrismo, Khshathra Vairya se impone no por la fuerza bruta, sino por la dignidad del poder justo. Su nombre, traducido como "Dominio Ideal" o "Gobierno Deseable", apunta a una dimensión de la divinidad que comprende el uso correcto de la autoridad, el ejercicio de la soberanía en perfecta armonía con la verdad, la bondad y la sabiduría. Es la representación del poder cuando este se curva ante el bien, y no de la tiranía que se impone sobre los débiles.

Khshathra Vairya no es el señor de los ejércitos, ni el patrón de la conquista territorial. Su dominio es el de la estructura que protege, organiza y sustenta. Es la energía espiritual que habita el acto de gobernar con justicia, la ética que debe guiar el liderazgo, el equilibrio que impide que el poder se convierta en opresión. En una sociedad zoroastriana ideal, toda forma de autoridad —desde el hogar hasta el imperio— debe reflejar a Khshathra. Es, por eso, una fuerza que tanto inspira a reyes como regula conciencias.

A nivel cósmico, Khshathra está asociado al metal. Y este símbolo no es gratuito. El metal, en su esencia, es firme, reluciente, resistente a la corrupción.

No cede al tiempo con facilidad. Tiene peso, presencia, utilidad. En el universo espiritual, el metal representa la integridad que no se dobla ante la presión. El gobernante ideal es como el metal: maleable solo en la medida justa, pero incorruptible en su esencia. Es escudo contra el caos y espada contra la injusticia. El metal no se inflama como el fuego, no se disuelve como el agua, no se mueve como el aire —sostiene, ancla, edifica.

Khshathra Vairya se manifiesta donde hay orden, donde la ley es instrumento de equidad, donde el poder es usado para proteger a los inocentes y para mantener la coherencia de la vida social con los principios eternos de la creación. Su espíritu actúa en el legislador que escribe con claridad, en el juez que aplica con exención, en el líder que sirve al pueblo sin arrogancia. Toda autoridad que busca solo a sí misma, que se alimenta de la explotación o que se mantiene por la mentira, está fuera del dominio de Khshathra —y, por lo tanto, fuera de la alianza con Ahura Mazda.

La función espiritual de Khshathra no se limita a las estructuras políticas. Habita también el alma que sabe gobernarse a sí misma. Autodominio, disciplina, firmeza de carácter, resiliencia ante el mal —todas estas son expresiones de su poder. Un hombre que domina sus pasiones, que no se curva ante la desesperación, que resiste la tentación de la corrupción incluso cuando nadie lo observa, ya actúa bajo la influencia de este inmortal. El verdadero gobierno comienza en el interior: solo gobierna el mundo quien primero supo gobernar su propio ser.

La oración a Khshathra Vairya es una petición de fuerza con rectitud, de influencia con propósito, de capacidad de proteger sin destruir. Es un llamado a la responsabilidad. Enseña que tener poder no es sinónimo de dominio sobre los otros, sino de deber ante el orden cósmico. El gobernante, el padre, el profesor, el juez, el sacerdote —todos, en algún grado, cargan el fardo y el don del poder. Y todos deben preguntarse: ¿este poder refleja la luz de Ahura Mazda o sirve al ego enmascarado de autoridad?

En el cuerpo social, Khshathra Vairya actúa como defensor de la justicia distributiva. Rechaza privilegios sin mérito, desigualdades estructurales y sistemas que sustentan el sufrimiento de muchos en beneficio de pocos. Su visión es la de la comunidad como cuerpo ordenado, donde cada miembro tiene valor, y ninguno es explotado. Su presencia se siente donde la ley no favorece al fuerte, sino que protege al frágil; donde el progreso se mide no por la riqueza, sino por la equidad. Enseña que no existe paz duradera sin justicia, y que el poder verdadero no necesita imponerse —se hace reconocer por su nobleza.

Khshathra también tiene un papel esencial en el juicio de las almas. Al lado de Asha Vahishta y Rashnu, el espíritu que pesa los actos, participa en el proceso que mide el mérito de cada existencia. Su balanza no mide intenciones vacías, sino la fidelidad al bien en el ejercicio de la voluntad. Un alma que tuvo poder, pero lo usó para beneficio propio, se hunde en la travesía del puente Chinvat. Ya aquella que, incluso con poca influencia, actuó con justicia y promovió el orden, es elevada por la presencia de este inmortal.

Entre los fieles zoroastrianos, Khshathra Vairya es invocado en tiempos de crisis moral, en momentos de decisión donde la fuerza necesita ser usada con sabiduría. Es inspiración para líderes éticos, para los que moldean leyes y para los que velan por la cohesión de la sociedad. Pero también es consejero íntimo de aquel que, solo en el silencio de sus decisiones, necesita recordarse que gobernarse a sí mismo es el primer deber.

Su imagen espiritual, aunque invisible, se siente como presencia de firmeza silenciosa. No es impetuoso, no exige adoración. Pero su ausencia es palpable en el caos, en la tiranía, en la corrupción. Donde no hay Khshathra, el orden se convierte en opresión, la justicia se vuelve instrumento de venganza, y el poder, un ídolo ciego. Reconocerlo es devolver a la autoridad su sentido sagrado. No hay liderazgo verdadero sin sacrificio, sin servicio, sin rectitud.

En el ciclo de la creación, Khshathra Vairya sustenta la estabilidad. Mantiene los pilares que no se ven, los fundamentos que no se mueven. El mundo puede cambiar, las formas de gobierno pueden variar, pero el principio del poder justo es eterno. Existía antes de los tronos, antes de las leyes escritas, antes de la historia. Es idea viva en el corazón de Ahura Mazda, compartida con aquellos que osan liderar sin olvidarse de servir.

Khshathra Vairya, por lo tanto, no solo delinea el ideal de un gobierno exterior, sino que imprime en los tejidos de la existencia humana la urgencia de un compromiso ético innegociable. Su influencia alcanza el gesto cotidiano y la decisión grandiosa, planeando sobre consejos de Estado y susurrando en lo íntimo de las elecciones solitarias. Recuerda que la verdadera soberanía no florece en palacios ni se apoya en cetros dorados, sino que germina en el terreno fértil de la conciencia despierta.

Es cuando el poder se curva ante el deber que Khshathra se revela con más claridad —no como una entidad distante, sino como la propia forma de lo justo ejercido. La presencia de este inmortal invita a una reconfiguración de la idea de autoridad. En tiempos donde la fuerza bruta y la manipulación frecuentemente se confunden con liderazgo, Khshathra Vairya surge como contrapunto esencial: un llamado silencioso por coherencia, por estructuras que sirvan al bien común, por voces que gobiernen con escucha y no con imposición.

Así como el metal es forjado por el fuego pero no se pierde en él, el verdadero líder es templado por las pruebas, pero permanece íntegro. A través de él, el poder gana contornos de servicio, y la grandeza se mide por la capacidad de sustentar la justicia cuando parece más frágil. La imagen de Khshathra Vairya, por lo tanto, no es la de un trono inalcanzable, sino la de una fuerza que sustenta silenciosamente los cimientos del mundo justo. No clama por gloria, pero exige coraje; no se impone por la presencia, pero se reconoce por el orden que su ausencia compromete. Y así, todo liderazgo que desea ser digno, todo corazón que anhela rectitud, encuentra en él no solo un ideal, sino un camino —un llamado constante a recordar que el poder solo es sagrado cuando nace del bien y vive para el bien.

Capítulo 13
Spenta Armaiti

En un mundo construido sobre la luz de la sabiduría y del orden, hay una presencia que se inclina con dulzura para tocar el suelo de la existencia: Spenta Armaiti. Ella es la Devoción Amorosa, la más silenciosa entre los Inmortales, y quizás por eso la más íntima. Mientras los otros Amesha Spentas se erigen como pilares cósmicos —mente, verdad, dominio, plenitud, inmortalidad— Armaiti se curva. No se impone, acoge. No se manifiesta en destellos, sino en raíces. Su dominio es la tierra, y su espíritu es la humildad que sustenta el mundo sin jamás exigir reconocimiento.

El nombre "Spenta Armaiti" carga una profundidad que escapa a la traducción literal. "Spenta" denota crecimiento sagrado, expansión benéfica, y "Armaiti" es la disposición interna de reverencia, devoción y paz. Juntas, estas palabras forman un principio que no es solo religioso, sino existencial. Spenta Armaiti representa la actitud espiritual de quien sirve a la verdad no por miedo o interés, sino por amor al orden, por comunión con el bien, por fidelidad silenciosa a lo que es justo. Ella es el suelo fértil del alma despierta.

En la creación divina, fue Armaiti quien recibió el papel de guardar la Tierra. La tierra como elemento físico —materia que sustenta los pasos, que alimenta, que recibe a los muertos— pero también la tierra simbólica, lugar del cultivo espiritual, del servicio discreto, de la fidelidad silenciosa. Su fuerza no está en el movimiento, sino en la firmeza. Ella es la inmovilidad que nutre. Lo que en ella crece no grita, no acelera, no explota —florece. Y así también es su acción en el mundo: vital, profunda, invisible.

La devoción que Armaiti inspira no es ciega, ni dogmática. No es una sumisión pasiva a lo divino. Es una alianza consciente, amorosa y humilde con la voluntad de Ahura Mazda. Enseña que servir al bien no es humillación, sino elevación. Que curvarse ante la verdad es erguirse ante la mentira. Es el espíritu que acepta las lecciones de la vida con paciencia, que no se desespera ante el tiempo, que sabe que toda semilla florece si tiene raíz en la tierra correcta.

En la vida humana, Spenta Armaiti se manifiesta en todas las formas de cuidado. En el agricultor que labra la tierra con respeto, en la madre que vela por el hijo en silencio, en el anciano que aconseja sin vanidad, en el trabajador que cumple su tarea con dignidad, incluso sin aplausos. Está presente donde hay servicio sin vanagloria, donde hay esfuerzo sin orgullo, donde hay amor sin exigencia. El mundo moderno, con su prisa y vanidad, olvidó muchas veces a Armaiti —y por eso, tantas veces, el suelo de la existencia parece estéril.

Ella también es el modelo espiritual del fiel zoroastriano. No se trata solo de creer, sino de vivir en reverencia activa al orden cósmico. La verdadera fe, según la influencia de Armaiti, no es repetir fórmulas, sino encarnar los principios. La devoción amorosa es, ante todo, coherencia. El hombre que habla de verdad, pero miente; que alaba el bien, pero explota; que predica la luz, pero actúa en las sombras —ese no camina con Armaiti. Su fe es hueca. Pero aquel que, incluso sin palabras rebuscadas, cultiva la bondad en lo cotidiano, ese ya habita su dominio.

Ella está ligada al silencio. Un silencio que no es ausencia, sino plenitud. El silencio de quien escucha antes de responder. De quien acoge antes de juzgar. De quien se convierte en suelo para que el otro camine. En la tradición zoroastriana, hay un respeto sagrado por la tierra —no solo como recurso natural, sino como manifestación de Armaiti. Por eso, enterrar a los muertos con cuidado, no herir el suelo con violencia, agradecer el alimento que viene de la tierra —todo eso son gestos de devoción. Son formas de diálogo con ella.

Spenta Armaiti también está presente en la humildad verdadera. No la falsa modestia que busca elogio, sino la humildad como estado de ser. El reconocimiento de que el bien no depende solo del esfuerzo personal, sino de la conexión con algo mayor. Ella es el antídoto contra la arrogancia espiritual, contra la creencia de que la virtud es mérito propio. El justo, para Armaiti, es aquel que sabe que su rectitud es fruto de la alianza con lo divino —y por eso, agradece, sirve, permanece firme incluso en la adversidad.

Ella es también madre espiritual. No genera cuerpos, pero sustenta vidas. Es en ella que el crecimiento es posible. Por eso, los que se alejan de ella se vuelven estériles espiritualmente: hablan mucho, pero producen poco. Parecen sabios, pero no tocan. Parecen fuertes, pero no sustentan. Con Armaiti, toda acción gana raíces. Enseña que el camino espiritual verdadero es aquel que se vive de dentro hacia fuera, con paciencia, con entrega, con verdad.

En tiempos de inestabilidad, la oración a Spenta Armaiti es un retorno al centro. Un reencuentro con lo esencial. No promete milagros espectaculares, pero ofrece fuerza para continuar. Paz que no depende de circunstancias. Firmeza que nace de la fe silenciosa. Ella es el suelo que no cede. El vientre que genera la esperanza. La roca que sustenta el templo invisible del alma.

Ella también actúa en el pasaje final. Cuando el alma deja el cuerpo, es la tierra la que la recibe. Y la forma en que la tierra la acoge depende de cómo se vivió con ella. Armaiti no olvida. Conoce los pasos de cada uno. Sabe quién hirió el suelo por codicia, quién lo respetó con gratitud. Y cuando llega la hora, ella es la guardiana del descanso —o la testigo de la falta de paz.

Spenta Armaiti no se impone. Espera. Como la tierra, que todo recibe sin reclamar, que todo transforma en silencio. Y es por eso que es tan esencial. Pues sin ella, no hay raíz, no hay permanencia, no hay continuidad. Sin ella, el saber se vuelve orgullo, la verdad se convierte en espada, el poder se transforma en opresión. Ella es el equilibrio que impide que el bien se pierda en su propia fuerza.

La presencia de Spenta Armaiti revela que la grandeza espiritual no se mide por discursos o hazañas extraordinarias, sino por la constancia humilde con que se vive el bien. Ella es el espíritu de la perseverancia silenciosa, de la fe que no exige pruebas, de la generosidad que no busca recompensa. Su acción es como la lluvia que ablanda la tierra poco a poco, como el tiempo que madura los frutos sin prisa. Donde ella habita, lo sagrado se vuelve cotidiano, y lo cotidiano se revela sagrado. Es bajo su influencia que el trabajo simple se convierte en ofrenda, que la paciencia se torna fuerza y que el silencio se vuelve lenguaje divino.

Al inspirar la reverencia profunda por la vida en todas sus formas, Spenta Armaiti invita a una espiritualidad encarnada —aquella que no se limita al templo, sino que se extiende a la forma como se pisa el suelo, como se trata al otro, como se espera el tiempo correcto de la cosecha. Nos enseña que servir es un privilegio, que cuidar es una forma de sabiduría y que la verdadera transformación comienza en la disposición interna de escuchar y acoger. Su devoción no es una fuga del mundo, sino una entrega total a su cura. Por eso, quien camina con Armaiti no huye de los desafíos, sino que los transforma en jardín, aunque el suelo sea árido.

En el silencio de Spenta Armaiti reposa la promesa de un mundo que se sustenta por la ternura. No levanta murallas ni empuña espadas, pero erige vidas con el poder sereno de la fidelidad. En su dominio, todo lo que es profundo crece en silencio —como las raíces, como la sabiduría, como el amor verdadero. Y es en ese espacio fértil, invisible a los ojos apresurados, donde florece el espíritu despierto: no aquel que brilla para ser visto, sino el que ilumina porque ama.

Capítulo 14
Haurvatat

En el ciclo divino que estructura el Zoroastrismo, hay una emanación que no solo completa, sino que armoniza todas las otras: Haurvatat, la Plenitud. No es solo el fin de un proceso, sino el estado espiritual donde todo se integra —cuerpo, mente, espíritu, creación. Donde Vohu Manah guía el pensamiento, Asha establece la verdad, Khshathra modela la justicia y Armaiti enraíza la devoción, Haurvatat cose todo eso en un ser pleno, íntegro, que vive en armonía consigo, con los otros y con el cosmos. Ella es el sello del bien vivido y la expresión de lo que es santo en forma total.

Su nombre, en avéstico, significa literalmente "integridad" o "totalidad". Pero el sentido que carga sobrepasa la simple unión de partes: se trata de un estado en que no hay fisuras internas, contradicciones morales, ni desajustes espirituales. Haurvatat es la salud del alma reflejada en la salud del cuerpo y en el equilibrio con la naturaleza. Representa la cura, no como acto puntual, sino como modo de existir. Donde ella se instala, la vida fluye sin resistencia, como un río que reconoce su propio curso.

La esfera elemental de Haurvatat es el agua. El agua como fuente, como purificación, como sustento de la vida. El agua que contornea los obstáculos, que llena los vacíos, que se moldea sin perder la esencia. Fluye por los ríos, por los cuerpos, por los ciclos de la existencia. Limpia no solo el cuerpo, sino el campo energético, los pensamientos enfermos, las memorias envenenadas. El agua de Haurvatat no borra el pasado, pero lo reconcilia. Es el símbolo más puro de la regeneración y de la fluidez espiritual.

Invocar a Haurvatat es pedir completitud, pero no como acumulación, sino como integración. Es desear que las partes desconectadas de la vida finalmente encuentren su lugar, que lo que fue roto pueda ser tejido nuevamente, que lo que está disperso vuelva al centro. Es el anhelo de una paz que no depende de circunstancias externas, sino que emerge de un alma que se encontró, que ya no se fractura entre lo que piensa, siente y hace.

Esta plenitud es inseparable de la salud. Pero, en el Zoroastrismo, salud no es solo ausencia de enfermedad. Es estar alineado con Asha, es vivir en consonancia con el ritmo de la verdad cósmica. El cuerpo es sagrado porque es el vehículo del alma, el templo de la conciencia. Maltratar el cuerpo —con excesos, con negligencia, con vicios— es alejarse de Haurvatat. Cuidarlo, con equilibrio y reverencia, es honrar su presencia. De la misma forma, cuidar del agua, protegerla, purificarla, es una forma de culto.

En la práctica devocional, Haurvatat es invocada en momentos de enfermedad, tanto del cuerpo como del alma. Su energía actúa como bálsamo sobre heridas antiguas, como luz sobre zonas sombrías de la conciencia. Invita al autoconocimiento sin juicio, al reencuentro con lo que fue dejado de lado. Sus bendiciones no se manifiestan solo como cura física, sino como reconciliación con la vida, con el propio destino, con los dolores inevitables de la existencia.

Está especialmente presente en los rituales de purificación, en los cuales el agua desempeña un papel central. Las abluciones, los baños rituales, las bendiciones con agua corriente —todos estos gestos son invitaciones a la presencia de Haurvatat. Pero no habita solo los ritos —está también en los cuidados simples: el vaso de agua ofrecido a quien tiene sed, el baño dado con ternura a un enfermo, el río preservado de la polución, el lago respetado como espejo de lo sagrado. Donde hay respeto por la fluidez de la vida, allí ella se manifiesta.

En el plano ético, vivir bajo la luz de Haurvatat es buscar coherencia. Es no dividirse entre múltiples máscaras. Es ser entero en todas las situaciones. El hombre que piensa una cosa, dice otra y hace una tercera —ese vive en fragmentación, y no hay paz donde hay escisión. La mujer que acoge la verdad, incluso cuando es difícil, y la vive con honestidad —esa ya manifiesta a Haurvatat en su ser. La plenitud no exige perfección, sino sinceridad. No exige victorias, sino presencia plena.

Ella también comparte su acción con Ameretat, la Inmortalidad. Juntas, las dos guardan los misterios de la continuidad, del tiempo que no devora, sino que madura. Haurvatat sustenta el ahora —la salud, la integridad, la totalidad. Ameretat asegura que esa totalidad no se pierda, incluso ante la muerte. Ambas operan en sintonía, como aguas que se encuentran en un mismo océano. Una nutre el viaje. La otra garantiza que el viaje tiene destino.

En la escatología zoroastriana, Haurvatat tiene un papel central. Cuando ocurra el Frashokereti, y el mundo sea purificado de todo mal, será ella quien reinará sobre los cuerpos restaurados. Habrá salud para todos, paz para los justos, armonía entre las criaturas. Las aguas serán cristalinas, las almas serán transparentes. No habrá enfermedades, porque no habrá desajustes morales. El mal habrá sido vencido no solo por la justicia, sino por la reintegración de la creación con su Creador.

Pero Haurvatat no es solo promesa futura. Es presencia posible, aquí y ahora, en las rendijas de luz que atraviesan los momentos de conciencia. Vive en los pequeños encuentros, en las reconciliaciones inesperadas, en las mañanas en que la respiración parece danzar con la vida. Sonríe cuando alguien perdona. Cuando alguien vuelve a casa. Cuando alguien elige cuidar del cuerpo como un acto de amor y no de vanidad.

Es también guía para quien está perdido. El alma despedazada, el corazón desgarrado, la mente confusa —todos tienen en ella un camino de retorno. No hay herida que no pueda ser tocada por su agua. No hay soledad que no pueda ser bañada por su luz. No promete borrar el pasado, sino transformarlo. A través de ella, hasta el dolor encuentra lugar, hasta el error puede convertirse en sabiduría. Nada es excluido de la plenitud —todo es transfigurado en ella.

Vivir con Haurvatat es aprender a fluir. A no retener lo que ya pasó, a no temer lo que vendrá, a habitar el ahora con presencia total. Es ser río, y no represa. Es ser cuerpo, mente y espíritu en armonía, incluso en medio de los dolores. Es aceptar que la vida no necesita ser perfecta para ser sagrada —basta ser entera.

Esa entereza que Haurvatat propone no es rígida, tampoco inalcanzable. Al contrario, es flexible como el agua que la representa: se adapta, se moldea, acoge. Enseña que la integridad verdadera no está en jamás partirse, sino en saber reunir nuevamente los pedazos con ternura y lucidez. Bajo su influencia, hasta el caos encuentra compás. Cada gesto alineado con el bien, cada palabra que cura en vez de herir, cada silencio que escucha antes de juzgar es una gota más en ese océano de plenitud.

El alma que busca a Haurvatat no se aísla del mundo, sino que se sumerge en él con entrega, reconciliando las partes con el todo. Es en la convivencia diaria que la acción de Haurvatat se revela con más intensidad: en la manera como cuidamos de nuestra propia salud y de la salud del otro, en el respeto por lo que nos sustenta, en la responsabilidad con lo que fluimos y absorbemos. Está en las relaciones que no se construyen sobre máscaras, sino sobre vínculos sinceros. Está en el trabajo hecho con propósito, en el descanso honrado sin culpa, en la elección de vivir con entereza incluso en un mundo que fragmenta.

Bajo su luz, el existir deja de ser una secuencia de supervivencias y pasa a ser una experiencia de presencia. Recuerda que la paz no es ausencia de conflictos, sino comunión profunda con aquello que somos, a pesar y por causa de lo que vivimos. Y cuando esa comunión se alcanza, aunque sea por instantes, Haurvatat sonríe —no como conquista distante, sino como recuerdo íntimo de lo que siempre estuvo disponible. Pues la plenitud ne se impone, emerge. Y cuando emerge, no solo cura, sino que transforma: los ojos ven con más nitidez, el corazón pulsa con más compasión, y la vida, finalmente, se revela como lo que siempre fue —un don sagrado a ser vivido con entereza y amor.

Capítulo 15
Ameretat

En el tejido invisible que une lo divino al mundo sensible, hay un hilo que no se rompe, incluso ante el tiempo, la muerte y el dolor. Ese hilo tiene nombre y conciencia: Ameretat —la Inmortalidad. Es la emanación de Ahura Mazda que afirma, con serena firmeza, que el bien no se deshace, que la vida no es vencida por la muerte, y que aquello que fue generado en verdad permanece más allá de las ruinas del tiempo. Si Haurvatat representa la plenitud del presente, Ameretat es la seguridad de lo eterno.

Su nombre, proveniente del avéstico, significa literalmente "no-muerte". Pero esta definición, aunque exacta, es limitada. Ameretat no es solo el fin de la muerte como evento biológico. Es la garantía de que la vida verdadera —aquella que está alineada con el orden cósmico, con la justicia y con la luz— no puede ser borrada. Incluso cuando el cuerpo sucumbe, incluso cuando el tiempo destruye las formas, la esencia que vive en Asha permanece. Ameretat es esa permanencia. Es el vínculo entre lo efímero y lo eterno.

En la creación, Ameretat es la guardiana de las plantas. No por casualidad. Las plantas representan, en el mundo visible, la fuerza de la vida que insiste, que se renueva, que vuelve incluso después de ser segada. Nacen de lo oscuro de la tierra, crecen hacia la luz, mueren en apariencia, pero continúan en semilla. Son, por lo tanto, símbolos vivos de la inmortalidad. Al cuidar de las plantas, el hombre zoroastriano no solo respeta la naturaleza —participa en el ciclo de la vida que se perpetúa, cultiva la presencia de Ameretat, honra la terca vitalidad del bien.

Ella es la fuerza detrás de lo que insiste en existir con integridad. Está en el brote que rompe el suelo duro, en el árbol que se inclina, pero no se quiebra, en el campo que renace después de la sequía. Está también en el alma que, incluso ante el dolor, no desiste de la verdad. Ameretat es lo que resiste sin agresividad, lo que perdura sin hacer ruido. Su eternidad no está hecha de grandiosidad, sino de fidelidad. Todo lo que se mantiene fiel al bien, a lo largo del tiempo, está bajo su protección.

Pero ella también vela por las almas. Después de la muerte, cuando el cuerpo retorna a la tierra, es Ameretat quien guarda la chispa de la vida verdadera. Aquellos que vivieron en conformidad con Asha, que eligieron a Vohu Manah, que actuaron con Armaiti, son acogidos por ella. Los conduce al tiempo de la espera —el tiempo entre la muerte y la renovación del mundo. En ese período, las almas no duermen, sino que son mantenidas en estado de vigilia tranquila, protegidas de la corrupción y del olvido. Ameretat es el recuerdo vivo de que la muerte no es fin, sino transición.

Ella es también la promesa del futuro restaurado. En el Frashokereti, cuando Angra Mainyu sea vencido y la creación purificada, todos los justos resucitarán. Sus cuerpos serán rehechos en perfección, sus almas reintegradas a la carne sin mancha, y vivirán eternamente en armonía con Ahura Mazda. Ameretat será entonces no solo promesa, sino realidad manifiesta. La muerte no existirá más. No habrá descomposición, ni olvido, ni pérdida. La vida será entera y permanente.

Esta visión, sin embargo, no debe comprenderse solo como escatología. Ameretat actúa en el presente. Es inspiración para todos los que viven con propósito duradero. Aquellos que plantan árboles sabiendo que no cosecharán sus frutos, que educan hijos con valores que tal vez solo fructifiquen después de su muerte, que luchan por justicia incluso sabiendo que no verán la victoria —esos viven con Ameretat. La inmortalidad нe es solo no morir —es vivir de modo que la muerte no pueda borrar.

Ameretat también enseña el valor de la paciencia. Pues todo lo que es duradero lleva tiempo para formarse. La planta no crece en un día. La sabiduría no brota sin maduración. El bien нe se impone —se consolida. Invita al alma humana a pensar en términos de eternidad, y no de urgencia. A actuar con responsabilidad por las generaciones futuras. A vivir de manera que su vida sea semilla, y no solo fruto. Inspira el tipo de fe que construye catedrales —aquella que comienza una obra sabiendo que no la verá concluida, pero que la inicia de todos modos.

En el plano moral, vivir con Ameretat es cultivar valores que resisten al tiempo. Honestidad que no cambia con la moda. Fidelidad que no cede a la conveniencia. Justicia que no depende del aplauso. Respeto que no necesita ser retribuido para existir. El alma inmortal es aquella que, incluso atravesando los ciclos de la existencia, no se desvía de la luz. Y esa luz no se apaga, porque está enraizada en lo que no pasa.

Ella también es consuelo en los momentos de pérdida. Cuando un ser querido parte, cuando una era se cierra, cuando un sueño muere —Ameretat susurra que nada se pierde cuando fue vivido con verdad. Que el amor sincero no muere. Que la amistad auténtica continúa viviendo, incluso cuando la presencia física se extingue. Guarda los vínculos que nacieron en Asha. Preserva lo que el tiempo no puede destruir.

En la vida cotidiana, se manifiesta en las pequeñas elecciones de permanencia: el cuidado del jardín, el celo por el hogar, el respeto por las tradiciones que nutren el alma, el silencio ante la prisa que devora todo. Vivir con Ameretat es resistir a lo efímero. Es no ceder a la ansiedad. Es saber que la eternidad no está hecha de momentos intensos, sino de gestos simples repetidos con amor.

Esa eternidad que Ameretat encarna no es una fuga del tiempo, sino su transfiguración. Nos enseña que el tiempo no es enemigo de la vida —es su aliado, cuando vivido con propósito. Lo que se hace en alianza con el bien se inscribe en un tiempo otro, más profundo, donde las acciones no desaparecen, sino que se convierten en semillas de mundos futuros. La fidelidad cotidiana, el amor silencioso, el cuidado sin testigo — todo eso es cosechado por ella, guardado en su memoria sagrada, y devuelto un día a la creación renovada.

Así, vivir con Ameretat es escribir con la propia vida un evangelio de permanencia, donde cada elección ética es un gesto de eternidad. Al hacer de la vida una ofrenda a lo que no pasa, el ser humano se convierte en más que agente del presente: se torna puente entre generaciones, canal de una sabiduría que resiste al olvido. Ameretat está viva en la madre que cuenta historias antiguas para mantener vivas las raíces, en el anciano que planta incluso con manos temblorosas, en el joven que elige la rectitud en un mundo de atajos. En todos ellos, se manifiesta como fuerza tranquila que construye sin prisa y que permanece incluso cuando las luces del mundo se apagan.

Su presencia es como el verde que insiste entre las piedras, como el perfume que resta en la ausencia —discreta, pero innegable. Y es por esta naturaleza serena y resiliente que Ameretat jamás necesita afirmarse: ella simplemente es. Su acción no clama por reconocimiento, sino por continuidad. Quien vive bajo su influencia comprende que morir no es ser olvidado, así como vivir no es solo respirar. La verdadera vida es aquella que se alinea con aquello que nunca se corrompe, que nunca se apaga. Y, por eso, al cultivar esta vida interior que permanece, el ser se convierte en parte de lo que no muere —y encuentra en Ameretat no solo una promesa, sino una morada.

Capítulo 16
Jerarquía Espiritual

En el Zoroastrismo, el universo no es un aglomerado de existencias independientes, ni un caos gobernado por voluntades imprevisibles. Es un organismo ordenado, una estructura espiritual viva en la que cada entidad tiene una función específica y sagrada. La creación de Ahura Mazda no solo produjo seres y elementos: definió lugares, roles, responsabilidades. Dentro de esta cosmovisión, emerge la jerarquía espiritual —una red sutil y organizada que sustenta la armonía del cosmos y sirve de puente entre lo humano y lo divino.

En la cima de esta jerarquía está Ahura Mazda, fuente de toda luz, sabiduría y verdad. No es solo el creador: es el principio activo de orden, el corazón silencioso que pulsa en todo lo que es justo. Todo emana de Él, todo retorna a Él. Pero su acción no es solitaria. Se manifiesta a través de sus emanaciones conscientes, los Amesha Spentas, los Siete Inmortales que ya conocemos como facetas vivas de su esencia. Cada uno de estos Inmortales representa un principio cósmico, ético y natural, actuando como fuerza ordenadora en un aspecto específico de la realidad.

Los Amesha Spentas, sin embargo, no actúan aisladamente. Operan en perfecta unidad, como diferentes órganos de un mismo cuerpo, como rayos distintos de una misma luz. La estructura que forman no es de comando y obediencia en el sentido jerárquico humano, sino de armonía funcional. Vohu Manah, Asha Vahishta, Khshathra Vairya, Spenta Armaiti, Haurvatat, Ameretat y Spenta Mainyu forman la columna vertebral del mundo espiritual. Juntos, mantienen la creación viva, justa y equilibrada. La acción combinada de estos siete es lo que impide que Angra Mainyu disuelva el orden del universo.

Debajo —o más precisamente, en ramificación con estos— están los Yazatas, los espíritus dignos de adoración. Son numerosos, diversos y especializados. No fueron generados directamente como emanaciones de la esencia divina, sino creados por Ahura Mazda para proteger, preservar y cultivar aspectos específicos de la creación. Su naturaleza es benigna, y su servicio es incesante. Cada Yazata posee un dominio particular: algunos rigen fuerzas de la naturaleza, como la lluvia, el viento o el fuego; otros cuidan aspectos morales, como la justicia, la escucha, la vigilancia espiritual. Los Yazatas forman la amplia red de sustentación del cosmos visible e invisible.

Operan en múltiples niveles: guardan los elementos, conducen las almas, vigilan los pensamientos, orientan a los seres humanos. No son adorados como dioses, sino reverenciados como servidores del bien. La liturgia zoroastriana los invoca con frecuencia, reconociendo en ellos la presencia activa de lo sagrado en todos los ámbitos de la vida. Su acción es una extensión de la voluntad de Ahura Mazda, reflejando la diversidad de las formas sin romper la unidad del principio.

En términos de estructura, la relación entre los Amesha Spentas y los Yazatas es de cooperación. Los primeros representan las columnas del orden universal. Los segundos, los constructores y cuidadores de ese orden en sus detalles más íntimos. Por ejemplo, Asha Vahishta representa la Verdad Suprema, pero es a través de Yazatas como Sraosha, guardián de la escucha y la vigilancia, y Rashnu, el espíritu de la justicia que pesa los actos, que esa verdad es aplicada en el mundo y en el alma. Khshathra Vairya representa el dominio ideal, pero es con Mithra, el juez de los pactos, que esa autoridad se manifiesta de forma concreta.

Esta jerarquía espiritual не es rígida, sino funcional. Refleja la idea de que el bien es una red, y no una pirámide. El mal, por su naturaleza, intenta imitar esta estructura con sus distorsiones. Los *daevas* —espíritus malignos creados o influenciados por Angra Mainyu— también intentan organizarse, pero su sistema es inestable, pues carece de la cohesión que nace de la verdad. Compiten entre sí, alimentan el caos y buscan corromper el orden establecido por los Yazatas. Pero su fuerza es limitada y temporal. La jerarquía del bien, enraizada en Mazda, es eterna.

En el plano humano, esta estructura espiritual ofrece un modelo. Así como el cosmos es sustentado por una red de cooperación y especialización, así también debe ser la sociedad justa. El Zoroastrismo no propone una teocracia autoritaria, sino un orden inspirado en los valores de los Inmortales y los Yazatas. El líder político debe actuar como Khshathra Vairya, con justicia y fuerza servil al bien. El educador debe reflejar a Vohu Manah, orientando la mente con sabiduría. El juez debe canalizar a Asha Vahishta, pesando los actos con claridad. La madre, el labrador, el artesano, el sacerdote —todos tienen un papel sagrado, y todos son partes del gran cuerpo de la creación.

Esta jerarquía también sirve de guía para el crecimiento espiritual. El fiel zoroastriano es llamado a alinearse con cada aspecto de esta red. La oración, los rituales, los días sagrados, los festivales —todos se orientan por la presencia de los Inmortales y los Yazatas. Al invocar a cada uno de ellos, el practicante busca no solo protección, sino alineamiento. Desea ser, en la medida humana, una extensión viva de la voluntad de Mazda. El ideal espiritual es convertirse en un microcosmos del orden cósmico.

Al mismo tiempo, esta estructura revela la pedagogía del Zoroastrismo: no se llega a lo supremo de forma directa, sino por etapas. Primero, se cultiva la mente buena (Vohu Manah), después la rectitud (Asha), la acción justa (Khshathra), la devoción amorosa (Armaiti), la salud interior (Haurvatat), la confianza en la inmortalidad (Ameretat). Por fin, se alcanza la unión con el Espíritu Benevolente (Spenta Mainyu). Cada paso es asistido por Yazatas que guían, protegen, corrigen y fortalecen. La jerarquía no es obstáculo, sino puente.

Y como toda verdadera estructura espiritual, esta red está permeada por la libertad. El ser humano не está condenado a un papel fijo. Elige, diariamente, con quién desea alinearse. Puede servir al bien o colaborar con la mentira. Puede ser eslabón del orden o ruptura de lo real. La jerarquía espiritual zoroastriana no oprime — inspira. Muestra que hay un lugar para cada cosa, que todo puede contribuir al todo, que el menor gesto, si realizado con pureza, reverbera en la armonía universal.

Esa libertad consciente, al mismo tiempo que dignifica al ser humano, también lo convoca a la responsabilidad. Dentro de la jerarquía espiritual, no hay neutralidad: cada acción, pensamiento e intención resuena en el tejido cósmico. La ética zoroastriana se fundamenta precisamente en este entrelazamiento entre el libre albedrío y el orden mayor. Así, el individuo se convierte en cocreador de la realidad al elegir, con lucidez y compromiso, alinearse con las fuerzas que preservan y cultivan la armonía. No es una sumisión ciega, sino una adhesión esclarecida a una verdad viva que se manifiesta tanto en el macrocosmos como en el gesto cotidiano.

En este sentido, la espiritualidad propuesta he se limita al plano interior, ni al rito desvinculado de la práctica. Al contrario, invita a la integración total entre el ser y el actuar, entre el espíritu y la materia. El orden cósmico no es solo un modelo para ser admirado, sino un llamado para ser encarnado. Cada Yazata representa un aspecto concreto de la vida, un campo de actuación donde lo sagrado se infiltra y puede ser reconocido. El mundo, entonces, deja de ser un escenario pasivo y se torna un campo dinámico de relaciones espirituales, donde la conciencia despierta ve sentido, dirección y propósito.

Así, la jerarquía espiritual en el Zoroastrismo no es una cadena de poder, sino una sinfonía de funciones sagradas. No impone límites, sino que ofrece caminos. Articula lo invisible con lo visible, lo eterno con lo transitorio, e invita al ser humano a ocupar su lugar con dignidad y claridad. Más que explicar el cosmos, esta estructura lo sacraliza —y, al hacerlo, apunta al corazón del hombre su verdadero centro.

Capítulo 17
Los Yazatas

En la arquitectura espiritual del Zoroastrismo, entre los pilares sustentados por los Amesha Spentas y los flujos invisibles de la voluntad de Ahura Mazda, habita un vasto e intrincado coro de entidades: los Yazatas. A diferencia de los Inmortales, que son emanaciones directas de la divinidad suprema, los Yazatas fueron creados con la misión clara y precisa de velar por cada detalle de la creación, cada elemento de la naturaleza, cada matiz de la experiencia humana y cósmica. Son los protectores del orden manifestado en su multiplicidad, y, aunque sean menos conocidos que los grandes espíritus de la tradición, su presencia se siente en casi todos los aspectos de la vida zoroastriana.

La palabra "Yazata" significa literalmente "aquel que es digno de adoración". Pero esta adoración не se confunde con idolatría. Los Yazatas не son divinidades independientes, ni intermediarios rivales del poder divino. Son servidores del bien, colaboradores de lo sagrado, partes operantes del orden universal. La adoración que reciben не es por superioridad, sino por reconocimiento: cada Yazata es un puente vivo entre el mundo visible y el invisible, entre el gesto humano y la estructura de la realidad.

Su origen se remonta a la propia creación del mundo, cuando Ahura Mazda, al moldear el cosmos en siete actos, también delegó responsabilidades. Cada Yazata nació con una función. Su misión he es genérica: es detallada, específica, vinculada a fenómenos naturales y a valores espirituales. Algunos de ellos son responsables de la lluvia, la cosecha, la noche, la verdad, el juicio, la escucha espiritual, la fertilidad, la guerra contra los demonios. Cada aspecto de la realidad encuentra, entre los Yazatas, una conciencia protectora.

El número exacto de Yazatas es desconocido. Algunas tradiciones mencionan treinta, otras sobrepasan ese número, sugiriendo que su multiplicidad acompaña la propia complejidad de la vida. Aparecen en los textos litúrgicos del Avesta, en las plegarias diarias, en los festivales religiosos y en los rituales estacionales. Su presencia es constante, incluso cuando no es nombrada. El propio lenguaje del Zoroastrismo está impregnado de ellos: cada gesto ritual, cada elemento de la naturaleza reverenciado, cada plegaria recitada toca a un Yazata.

Entre los más venerados está Mithra, espíritu de la luz solar y de la justicia, el guardián de los pactos, el observador silencioso de las promesas humanas. Está también Anahita, diosa de las aguas purificadoras y de la fertilidad, cuya influencia penetra no solo los ríos y lagos, sino también el vientre femenino y los flujos sutiles de la emoción. Tishtrya, por su parte, comanda las estrellas y las lluvias, luchando contra el demonio de la sequía. Y Sraosha, que escucha las oraciones, vigila las almas y las conduce en la travesía del mundo de los muertos.

Estos Yazatas HE son figuras distantes. Se hacen presentes en los elementos que moldean lo cotidiano: el sol que calienta, el agua que purifica, el viento que limpia, la estrella que orienta, el sueño que revela, la palabra que salva. A diferencia de lo que sugieren las religiones centralizadas en divinidades abstractas y distantes, el Zoroastrismo ofrece un panteón de proximidad: cada Yazata puede ser invocado, cada uno responde a una necesidad concreta y espiritual.

También son guerreros. La creación, constantemente amenazada por Angra Mainyu y sus *daevas*, es defendida por la acción vigilante de los Yazatas. Algunos de ellos actúan en el campo invisible, enfrentando directamente a las fuerzas de la corrupción. Otros protegen a los humanos de tentaciones, alertan contra el error, purifican ambientes espiritualmente contaminados. La lucha entre el orden y el caos, lejos de ser solo una narrativa simbólica, es vivida por estos espíritus con seriedad absoluta. Cada victoria de la luz sobre la sombra es, en parte, fruto del trabajo silencioso e incansable de los Yazatas.

La relación entre los Yazatas y los humanos se basa en la reciprocidad. Protegen, inspiran, curan, orientan —y a cambio, piden solo que sean recordados con reverencia, que sus fuerzas sean honradas, que los elementos bajo su guarda sean tratados con respeto. La contaminación de las aguas es una ofensa a Anahita. La ruptura de un juramento mancha el campo de Mithra. El irrespeto a la noche, al sueño, al descanso, agrede el dominio de un Yazata de la oscuridad sagrada. Honrarlos es vivir en armonía con el mundo.

Esta multiplicidad, lejos de confundir, revela la belleza de la unidad zoroastriana: Ahura Mazda es uno, pero su luz se refracta en mil formas. Los Yazatas son esas formas, esos haces distintos que iluminan partes diferentes de la realidad. El fiel que comprende esto ʜᴇ se pierde en adoración dispersa, sino que se fortalece en conexión plural. Así como el cuerpo humano tiene diversos miembros, y cada uno cumple una función esencial, así también el cuerpo espiritual del universo está hecho de estas conciencias específicas, todas indispensables.

Los festivales zoroastrianos reflejan esta reverencia. Cada mes está dedicado a un Yazata. Cada día carga la energía de una de estas entidades. Los nombres de los días, lejos de ser meras convenciones temporales, son invocaciones vivas. Al despertar en un día dedicado a Tishtrya, por ejemplo, el fiel sabe que aquel momento carga bendiciones para la agricultura, para la lluvia, para los proyectos que exigen fertilidad. El tiempo, así, se vuelve sagrado ʜᴇ por abstracción, sino por presencia espiritual.

Los Yazatas también son figuras de transición. Ayudan al ser humano a pasar de un estado a otro: de la ignorancia a la sabiduría, del dolor a la cura, de la ilusión a la verdad, de la vida a la muerte y de la muerte a la vida eterna. No solo protegen, sino que transforman. El contacto con ellos ʜᴇ es estático —es pedagógico. Cada invocación es también un aprendizaje. El fiel se vuelve más justo al invocar a Mithra, más puro al honrar a Anahita, más vigilante al recordarse de Sraosha.

Se ve, entonces, que los Yazatas son más que espíritus protectores. Son instructores espirituales, guardianes del orden e instrumentos vivos de la voluntad de Ahura Mazda. Hacen lo divino tangible, hacen la espiritualidad cotidiana, muestran que lo sagrado está en todo: en el calor del sol, en el flujo del agua, en el sonido de la palabra, en la firmeza del suelo, en el movimiento del viento. El universo es templo, y los Yazatas son los ministros invisibles que lo mantienen encendido.

Esa percepción de los Yazatas como ministros del templo cósmico amplía profundamente la espiritualidad zoroastriana, enraizando lo sagrado en la experiencia directa y cotidiana. No se trata de una fe volcada solo al más allá o a lo invisible, sino de una vivencia concreta en la que cada elemento del mundo se revela como oportunidad de conexión con lo divino. Al reconocer la actuación de los Yazatas en el orden del tiempo, en el ciclo de las estaciones, en los vínculos humanos y en los procesos interiores, el fiel aprende a caminar con reverencia, percibiendo que todo a su alrededor está imbuido de propósito y presencia.

La espiritualidad, así, se convierte en una escucha constante —una apertura a la enseñanza que cada aspecto de la creación ofrece, mediado por estos espíritus atentos. Esta enseñanza he es neutra: conduce al bien. Los Yazatas he solo reflejan el orden; lo sustentan contra las embestidas del caos. En cada uno de ellos, la luz de Ahura Mazda actúa como fuerza de resistencia y regeneración. Honrar a los Yazatas he es solo venerarlos, sino también elegir sus caminos: el compromiso con la verdad, la preservación de la naturaleza, la honestidad en los vínculos, la escucha interior, el coraje contra el mal.

Cada Yazata es un faro encendido en medio de las tentaciones de Angra Mainyu, recordando al ser humano que nunca está solo —que el orden cósmico está poblado de aliados, atentos y activos, dispuestos a guiar y a luchar junto al bien. Al hacer visible esta red de presencias, el Zoroastrismo ofrece no solo una teología, sino una ética viva. Los Yazatas inspiran una espiritualidad que se manifiesta en gestos concretos y elecciones diarias. Enseñan que lo sagrado не se aleja del mundo —al contrario, lo penetra por completo. Y al reconocer esto, el fiel despierta a su propia vocación: ser, él también, un eslabón consciente entre el cielo y la tierra, una extensión viva del orden que los Yazatas guardan y cultivan con incansable amor.

Capítulo 18
Mithra, el Juez

En el corazón del panteón zoroastriano, donde la luz se derrama en figuras espirituales que representan las múltiples facetas de la verdad, se encuentra Mithra —el Yazata de la alianza, del sol, de la justicia y de la observación silenciosa. Es más que un espíritu de la luz visible: es la conciencia que nunca duerme, el juez que pesa no los gestos públicos, sino los votos interiores, los pactos silenciosos, los compromisos hechos sin testigos. En un universo donde el orden depende de la fidelidad, Mithra es el guardián de la confianza.

Su nombre carga el peso de milenios. Derivado de la raíz indo-iraní *mitra*, que significa "contrato", "acuerdo", o "lazo", Mithra es la presencia invisible en todo acto de palabra empeñada. Es invocado no solo en pactos religiosos o sociales, sino en cualquier compromiso en que la verdad y la responsabilidad estén involucradas. Su función, sin embargo, he es solo preservar la honestidad exterior: sondea las intenciones. Evalúa la integridad moral de quien promete. No es el juramento lo que garantiza su bendición —es la veracidad con que se hace.

En el Zoroastrismo, la verdad he es solo un valor —es un principio ontológico. El universo fue creado con base en Asha, la verdad suprema, y es sustentado por ella. Por lo tanto, mentir, traicionar, engañar, нe son solo fallas éticas —son actos que hieren la propia estructura de la realidad. Mithra, como guardián de esta estructura, observa atentamente todo lo que puede comprometerla. Es el juez sin toga, el ojo solar que todo lo ve, y que нe necesita ser llamado para actuar: actúa, simplemente porque la verdad es su morada.

Mithra también está asociado al sol, нe como astro solamente, sino como metáfora de la luz que revela. El sol ve todo. No hay rincón de sombra que escape a su toque. De la misma forma, no hay pacto que escape a la mirada de Mithra. No se deja engañar por juramentos formales o gestos ensayados. Ve la intención. Ve el pensamiento anterior a la palabra. Ve la acción que contradice la promesa. En su luz, no hay espacio para máscaras.

Este papel de juez espiritual alcanza su ápice en la travesía del puente Chinvat —el umbral entre el mundo de los vivos y el de los muertos. Allí, según los textos zoroastrianos, el alma de cada ser humano es juzgada. Y Mithra está presente en ese momento crucial, como uno de los tres jueces cósmicos, al lado de Rashnu, el espíritu que pesa los actos, y Sraosha, el espíritu de la escucha y la conciencia. Mithra нe solo observa lo que fue hecho —recuerda lo que fue prometido, lo que se dejó de cumplir, lo que se rompió.

El juicio de Mithra нe es punitivo, sino revelador. No condena: solo expone. El puente Chinvat se estrecha o se ensancha según la verdad del alma. Para aquel que vivió en fidelidad, la travesía es segura. Para el que mintió, traicionó y deshonró compromisos, el puente se estrecha hasta que no puede sostener más el peso del alma corrompida. Y entonces, la caída es inevitable. No como castigo, sino como consecuencia.

En el mundo visible, la presencia de Mithra es cultuada de forma intensa. Rituales específicos son dedicados a él, especialmente en celebraciones que involucran alianzas: bodas, acuerdos comunitarios, iniciaciones. Es invocado para proteger los lazos legítimos, para alejar la falsedad, para bendecir los compromisos justos. En algunos textos, se dice que el propio cielo vibra cuando un juramento se hace en su nombre —y tiembla cuando es violado.

Mithra también es una figura que trasciende el Zoroastrismo. Su influencia se esparció por culturas vecinas y fue absorbida por religiones posteriores, especialmente en el mundo greco-romano, donde dio origen al culto mitraico. Aunque este culto desarrolló características propias, su base se remonta a la misma esencia: el culto a la verdad, al sol, al juicio justo. La figura de Mithra se convirtió en símbolo del guerrero de la luz, del mediador entre el cielo y la tierra, del redentor que confronta la oscuridad. Pero en el Zoroastrismo original, permanece como Yazata —no un dios independiente, sino un siervo sagrado del orden divino.

Su fuerza no reside en armas, sino en la claridad moral. Enseña que toda palabra importa. Que toda promesa es sagrada. Que toda relación humana, si construida sobre la mentira, será corroída desde dentro. Y que el bien нe puede florecer donde la verdad es relativizada. Vivir con Mithra es vivir con transparencia.

Es alinear palabra y acción. Es cumplir lo que se promete, incluso en silencio. Es respetar los vínculos, los acuerdos, los límites. Es entender que la espiritualidad не se mide por rituales elaborados, sino por fidelidad cotidiana. Es percibir que cada mañana, al surgir la luz del sol, es un recuerdo de la luz que juzga —y que salva.

En los días dedicados a Mithra, los fieles son invitados a la reflexión moral. Revisan sus alianzas, sus palabras empeñadas, sus compromisos con los otros y consigo mismos. Buscan reparar lo que fue quebrado. Buscan la reconciliación con la verdad. Esos días не son solo fechas rituales —son oportunidades de recomienzo. Pues Mithra también es misericordioso. Juzga con rigor, pero protege con lealtad a los que intentan vivir con integridad.

Es el espíritu que sustenta la confianza. Y sin confianza, ninguna sociedad se erige. Ninguna comunidad florece. Ningún amor perdura. Ninguna fe se sustenta. Por eso, su papel es tan crucial: es la base invisible de la convivencia justa. Es él quien mantiene el vínculo entre lo que fue dicho y lo que será hecho. Entre lo humano y lo divino. Entre el hoy y lo eterno.

Mithra, por lo tanto, encarna el puente ético entre lo sagrado y lo cotidiano, donde cada gesto de integridad refuerza la propia estructura del cosmos. Su vigilancia не impone miedo, sino responsabilidad lúcida. No exige adoración temerosa, sino compromiso profundo con la autenticidad. Bajo su mirada solar, las máscaras caen, y el valor de cada alma se revela en la coherencia entre aquello que se promete y aquello que se realiza. Es en ese espacio íntimo —donde intención y acción se encuentran— que Mithra construye su morada y fortalece la confianza como fundamento de la vida justa.

Esa confianza, sin embargo, he es estática. Se renueva, se prueba, se reconstruye en el entrelazamiento de la vida humana con los ritmos de la existencia. Mithra es el espíritu que acompaña cada decisión silenciosa, cada elección hecha al margen de los aplausos, cada verdad sostenida incluso bajo presión. Inspira una espiritualidad madura, hecha no de milagros visibles, sino de pequeñas fidelidades cotidianas. Por eso, su papel sobrepasa los ritos y se instala como exigencia de coherencia: invita al fiel a transformar la palabra empeñada en camino, y el compromiso en presencia luminosa en el mundo.

Seguir a Mithra es aceptar que el juicio verdadero he se da al final de la vida, sino en cada instante en que se opta entre lo falso y lo auténtico. Es vivir bajo una luz que no ciega, sino que revela. Es reconocer que el pacto más sagrado es aquel que se renueva diariamente con la verdad. Y en ese pacto, Mithra permanece —silencioso, firme, guardián de la alianza invisible entre el alma y el orden eterno.

Capítulo 19
Anahita, la Señora de las Aguas

Entre los Yazatas más reverenciados y reconocidos en el Zoroastrismo, una figura se erige con gracia y fuerza, cargando en las manos el poder de la vida, la fertilidad y la purificación: Anahita, la Señora de las Aguas. Es una de las entidades femeninas más imponentes de la espiritualidad iraní, tan antigua como venerable, una presencia que atraviesa las márgenes entre lo visible y lo invisible, entre el mito y el rito. Su agua не es solo líquida —es espiritual, es esencial. Es el flujo de la bendición, el río que atraviesa mundos, la fuente de la regeneración.

El nombre "Anahita" puede entenderse como "la Inmaculada", "la Pura", "la No-Manchada". Este título revela de inmediato su naturaleza sagrada y su conexión con la pureza absoluta. En su dominio están las aguas corrientes —ríos, lagos, manantiales, lluvias— pero también la humedad vital que sustenta los cuerpos, las semillas y las ideas. Anahita не es una diosa del agua como fuerza física solamente: es el espíritu de la fertilidad universal, la matriz de la renovación, la amante de la verdad que fluye.

Es tanto madre como guerrera. Es acogedora como la lluvia que irriga la tierra sedienta, e impetuosa como las corrientes que barren la mentira. Es a través de sus aguas que la tierra se abre al fruto, que el vientre concibe, que el alma se purifica. Toda gota que limpia, que cura, que fecunda, que consagra, trae en sí el recuerdo de Anahita. Y todo ritual que busca restaurar el equilibrio del alma o de la naturaleza la invoca, aunque sea en silencio.

Los antiguos templos dedicados a ella —algunos aún reconocibles en vestigios arqueológicos— revelan su centralidad en la religiosidad persa. En ellos, las fuentes de agua eran preservadas como santuarios vivos. Las sacerdotisas y sacerdotes cuidaban de los rituales de purificación, de las ofrendas de flores, de los cantos dedicados a la señora celeste. No se ofrecía sangre ni sacrificio animal a Anahita. Su lenguaje era el de la belleza, del agua límpida, del gesto cuidadoso. Era honrada con limpieza, con ornamentación, con alabanza en forma de poesía.

Su iconografía, en ciertos momentos, cruzó la línea entre el Zoroastrismo estricto e influencias externas. Fue retratada como mujer de largos cabellos, coronada, con vestiduras doradas y cáliz en manos — imagen que resonaría en divinidades posteriores de otros panteones. Pero, para los zoroastrianos, esta imagen нe es un ídolo, sino un símbolo: representa la belleza de la fertilidad, la abundancia del agua, la soberanía de la mujer que es fuente, que es guardiana de la vida y de la integridad.

Anahita rige los misterios de la creación femenina. Su dominio toca el cuerpo de la mujer en su plenitud: la menstruación, la gestación, el parto —todos considerados, bajo su luz, procesos sagrados. Protege a las madres y a los niños, vela por los nacimientos, acompaña los ciclos de la mujer como una presencia silenciosa y eterna. Ningún aspecto del femenino, por más oculto o rechazado por las normas sociales, escapa de su protección. La mujer, en su totalidad, es una extensión viva de su espíritu.

Pero su acción He se restringe a lo femenino. Es también la fuerza que restaura la dignidad de los que fueron manchados, de los que se alejaron del bien, de los que se perdieron. A través de sus aguas, el arrepentido puede reencontrarse. El ritual de purificación, realizado con aguas corrientes, es más que simbólico: es la práctica visible de un retorno al eje espiritual. Lavarse en nombre de Anahita es declararse listo para recomenzar. No hay impureza que resista a su corriente.

En el ciclo de las estaciones, Anahita se manifiesta en los tiempos de abundancia hídrica. Sus fiestas eran tradicionalmente celebradas durante el verano, cuando el agua se vuelve más preciosa. Los rituales involucraban baños comunitarios, bendiciones con agua perfumada, ofrendas de flores flotantes. Aún hoy, entre los zoroastrianos contemporáneos, especialmente entre los parsis, su recuerdo es preservado con oraciones y gestos simbólicos de gratitud al agua como dádiva divina.

Ella también actúa como mediadora entre lo humano y lo celeste. El agua que gobierna es el puente entre los mundos. Al caer del cielo, se convierte en respuesta divina a la súplica; al emerger de la tierra, revela que lo sagrado también brota de dentro. El agua de Anahita es circular: sube, desciende, se infiltra, evapora, retorna. Es un recordatorio de que la espiritualidad es dinámica, que la vida verdadera ʜᴇ puede ser estancada. Todo debe fluir, inclusive el alma.

Está asociada no solo al elemento agua, sino al propio principio de la integridad. Su pureza ʜᴇ es aislamiento, sino transparencia. Enseña que vivir con verdad es ser como el agua clara: visible, honesta, disponible. La mentira, la disimulación, la duplicidad — esas son impurezas que enturbian el espíritu. Bajo su mirada, no hay fingimiento que perdure. El alma que desea comulgar con ella debe volverse límpida.

Anahita también representa un modelo de autoridad espiritual femenina. En un mundo frecuentemente marcado por estructuras masculinas de poder, ella se impone como figura plena, independiente, activa. Su fuerza ʜᴇ deriva del confronto, sino de la fertilidad, de la capacidad de generar, de nutrir, de transformar. Muestra que la fuerza femenina es cósmica, no secundaria. Y que donde haya respeto a la vida, cuidado con el agua, reverencia por el ciclo, allí su presencia será sentida.

Su imagen atravesó los siglos. Aunque su culto sufrió transformaciones con el tiempo y las influencias culturales, su esencia permanece. En el agua que corre y purifica. En el vientre que genera y guarda. En la lágrima que limpia el dolor. En el baño que renueva el cuerpo y el alma. En la promesa silenciosa de que todo puede ser restaurado, siempre que haya verdad.

En la presencia de Anahita, la espiritualidad asume un contorno suave y profundo, donde lo sagrado se infiltra silenciosamente en los gestos simples y vitales. Su fuerza no grita, sino que inunda; no impone, sino que penetra. Al invocarla, no se piden solo bendiciones materiales —se pide lucidez para reconocer la belleza en la vulnerabilidad, para aceptar los ciclos con humildad, para permitir que el alma sea tocada, lavada, abierta. El agua, bajo su regencia, es maestra del desapego: enseña a seguir, a ceder, a transformar el dolor en movimiento. Y con esto, Anahita no solo guía —cura.

Su poder restaurador se revela no solo en las aguas que corren fuera, sino en las aguas internas, que claman por fluidez emocional y claridad espiritual. Está en la reconciliación de los afectos, en la purificación de los resentimientos, en el renacimiento de la esperanza. Su culto, más que una práctica externa, es una inmersión interior —un llamado a remover los sedimentos que nos alejan de la esencia. Como Señora de las Aguas, Anahita recuerda que la integridad es un flujo constante: requiere vigilancia, entrega, sinceridad. Ser íntegro es, como el agua, encontrar el propio camino incluso entre obstáculos, sin jamás perder la transparencia.

Así, Anahita permanece como símbolo vivo de la sacralidad que habita lo ordinario. Invita a la reverencia por aquello que sustenta la vida en todos los planos —el cuerpo, la tierra, el espíritu. Su lección es clara: donde haya pureza, habrá fuerza; donde haya cuidado, florecerá poder; donde haya verdad, todo podrá renacer. Y así como sus aguas no cesan de correr, también su presencia continuará fluyendo, entre rituales y silencios, conduciendo a aquellos que buscan la regeneración por el camino de la belleza, la delicadeza y la fidelidad a lo que es esencial.

Capítulo 20
Tishtrya, el Estelar

En la bóveda celeste que cubre la creación, donde las estrellas cintilan como ojos eternos de lo sagrado, hay una entidad que vigila la tierra con mirada firme y corazón justo: Tishtrya. Es el Yazata de las estrellas y de las lluvias, guardián de la fertilidad agrícola y enemigo implacable de la sequía. En su esencia, Tishtrya es el espíritu de la abundancia restauradora. No solo gobierna los cielos —interviene en los ciclos de la tierra, entrelazando lo alto y lo bajo con su presencia luminosa y activa.

Su nombre resuena con el brillo de Sirio, la estrella más brillante del cielo nocturno, cuya ascensión marcaba tiempos de cambio y esperanza en las tradiciones agrarias del Irán antiguo. Tishtrya He es solo un cuerpo celeste —es la conciencia espiritual que habita esa estrella, un emisario del orden cósmico que responde a los clamores de la tierra reseca. En tiempos de estiaje, es a él a quien se dirige el clamor del fiel; es su fuerza la que convoca las nubes, la que abre los cielos, la que hace girar nuevamente el ciclo de la vida.

No actúa solo. La tradición zoroastriana describe su combate ritual contra *Apaosha*, el espíritu de la sequía, que intenta impedir la llegada de las lluvias y, con eso, comprometer la continuidad de la vida. Esa batalla, librada no solo en las alturas, sino en los campos y en las conciencias, es una de las representaciones más claras del conflicto cósmico entre orden y caos. Cada vez que la lluvia llega después de largos días de cielo limpio y suelo árido, es la victoria de Tishtrya la que se manifiesta. Y cada vez que la sequía insiste, es Apaosha intentando impedir el flujo de la bendición.

Este combate HE es solo simbólico. Es espiritual, es ético, es existencial. Pues así como el cuerpo de la tierra puede secarse, también el corazón humano puede volverse estéril. La ausencia de Tishtrya no significa solo la falta de lluvia, sino también el endurecimiento del alma, la ausencia de compasión, la pérdida de la confianza en la renovación. Representa, por lo tanto, la esperanza activa —no aquella que aguarda, sino aquella que clama, que invoca, que actúa con fe en el retorno del bien.

En los rituales, Tishtrya es invocado en momentos de necesidad climática, especialmente en períodos de estiaje. Las comunidades zoroastrianas, antiguas y contemporáneas, elevaban oraciones específicas, cánticos y ofrendas para reactivar su presencia en los cielos. Las preces, entonadas con voz unísona, buscaban restablecer el vínculo entre la tierra y los cielos, recordando a Tishtrya la alianza sagrada entre el espíritu celeste y los guardianes de la creación.

En el mundo moral, Tishtrya simboliza la fidelidad a la vida. Es el espíritu que garantiza que la aridez nunca será permanente, siempre que haya esfuerzo para mantener el equilibrio. Inspira la persistencia del agricultor, la paciencia del pastor, la resistencia de los pueblos ante las adversidades climáticas y espirituales. Vivir bajo su luz es creer que, incluso después de largos períodos de escasez, la abundancia puede retornar. Pero ese retorno exige vigilancia, ritual, acción consciente. No es automático —es fruto de alianza continua con el orden cósmico.

La figura de Tishtrya también carga un arquetipo del guerrero de la luz. Su batalla contra Apaosha se libra todos los años, todos los días, en todas partes del mundo. No se trata de un único evento mítico, sino de un ciclo perpetuo de lucha y victoria. Cada gota de lluvia que cae donde había desesperación es una prueba de que él aún cabalga en los cielos, de que su presencia aún responde a la justicia. Es, por lo tanto, más que una fuerza natural —es un principio espiritual: el bien que lucha contra el empobrecimiento de la existencia.

Su relación con las estrellas he es accidental. Las estrellas, para el Zoroastrismo, son moradas de los justos, puntos de luz en el cielo que reflejan la integridad de las almas y la vigilancia de los espíritus. Tishtrya, como estrella-guía, es también faro para los viajeros, para los que atraviesan desiertos interiores o exteriores. Su luz orienta. Su brillo consuela. Su presencia en el cielo nocturno es como un recordatorio continuo de que, incluso en lo oscuro, hay orden. Incluso en el silencio, hay música. Incluso en la aridez, hay promesa de lluvia.

Los textos sagrados que lo mencionan —especialmente el Yasht 8, uno de los más bellos himnos del Avesta— describen su forma como gloriosa, luminosa, con armas espirituales que perforan la oscuridad y purifican los cielos. Surge en tres formas: como un caballo blanco brillante en las aguas, como un joven radiante y como un toro resplandeciente. Cada una de estas formas revela un aspecto de su misión: velocidad, pureza, fertilidad. No está limitado a una apariencia —se adapta a lo que la tierra necesita, a lo que el espíritu humano busca.

Para los zoroastrianos contemporáneos, Tishtrya continúa siendo símbolo de renovación y superación. Sus preces son recitadas en tiempos de desafío climático y personal. Su nombre es invocado en bendiciones agrícolas, en bodas que desean fertilidad, en iniciaciones que claman por claridad en el camino. Su energía, a pesar de ser antigua, no se ha vuelto abstracta. Por el contrario, pulsa cada vez que una semilla rompe la tierra, que la lluvia baña la piel, que un alma decide seguir adelante a pesar de la aridez alrededor.

Tishtrya permanece, así, como un recordatorio celeste de que toda escasez carga en sí la semilla de la abundancia. Su culto, más allá del pedido de lluvia, es también una convocatoria a la fe activa —una espiritualidad que se rehúsa a sucumbir al desánimo y que reconoce, en el acto de invocar el bien, una forma de resistir al colapso. Enseña que la renovación no es dádiva aleatoria de los cielos, sino fruto de la alianza continua entre el humano que espera y el divino que responde. El cielo, bajo su luz, se torna campo de escucha; la tierra, territorio de confianza; y el alma, abrigo de esperanza en movimiento.

La presencia de Tishtrya entrelaza lo visible y lo invisible con una delicadeza ardiente. Cada vez que la lluvia cae sobre una tierra agrietada, cada vez que la estrella surge en el firmamento después de un período de tinieblas, es como si él dijera que el caos nunca tendrá la última palabra. No trae solo agua: trae memoria y promesa. La memoria de un tiempo en que el bien regía los ciclos, y la promesa de que ese tiempo puede volver, siempre que haya alineamiento con el orden sagrado. Su brillo en el cielo nocturno es la firma cósmica de la perseverancia, una voz luminosa que resuena silenciosamente: "Aún es posible florecer."

Vivir bajo la influencia de Tishtrya es aprender a reconocer los ciclos, respetar los tiempos de la tierra y del alma, y actuar incluso cuando el horizonte parece estéril. Es el caballero de las nubes, el portador de lluvias visibles y bendiciones invisibles, aquel que enseña que, ante la sequedad, no se debe solo esperar — se debe clamar, cultivar y creer. Porque, así como la estrella resurge en el cielo y la lluvia vuelve a caer, también el corazón humano, cuando es fiel al bien, reencuentra su propia fertilidad.

Capítulo 21
Sraosha, el Guardián de la Conciencia

En el umbral entre el sonido y el silencio, entre la vigilia y el sueño, entre lo visible y lo invisible, se mueve Sraosha —el espíritu de la escucha, de la obediencia espiritual, de la vigilancia del alma. Entre los Yazatas, su función es singular y esencial: es el guardián de la conciencia humana, aquel que susurra las verdades divinas en el interior de la mente, que vigila los pensamientos más secretos, que acompaña al ser humano desde el nacimiento hasta más allá de la muerte. En un mundo donde el orden puede ser amenazado no solo por actos, sino por distracciones morales, Sraosha es la alarma sagrada, el recuerdo vivo de la rectitud.

Su nombre, "Sraosha", puede comprenderse como "la escucha", pero no se trata solo de oír sonidos. Es escuchar con el alma, con el espíritu, con el discernimiento despierto. Es el espíritu que permite al ser humano percibir la voz del bien en medio del ruido del mundo, distinguir lo verdadero de lo ilusorio, reconocer el llamado de lo sagrado incluso cuando se presenta en forma de silencio. Escuchar, en la perspectiva zoroastriana, es un acto activo. No es pasividad: es prontitud. Y Sraosha es esa prontitud divina personificada.

Es descrito en los textos sagrados como un guerrero de la luz, armado con palabras justas, envuelto en claridad, siempre en movimiento. No reposa. No duerme. No se ausenta. Está siempre vigilante. Su presencia es especialmente sentida en las horas nocturnas, cuando el mundo se recoge, pero los pensamientos continúan trabajando. El momento de la noche, en el Zoroastrismo, es espiritualmente peligroso: los *daevas* acechan a los que duermen con la mente desatenta. Es entonces cuando Sraosha vigila, vela por las casas, guarda los sueños, protege las conciencias.

Pero su acción no es solo defensiva. También instruye. Revela. Se dice que las enseñanzas de Zaratustra llegaron al mundo en parte gracias a la acción de Sraosha, que facilitó la escucha profunda, que preparó el terreno interno para el contacto con la verdad. Es, por lo tanto, el espíritu de la revelación continua, no aquella que viene de fuera, sino la que brota de dentro. Invita al hombre a escuchar no el mundo, sino lo que el mundo esconde. No el ruido, sino la música detrás del ruido.

En la travesía del alma después de la muerte, Sraosha tiene un papel decisivo. Acompaña al alma durante los tres primeros días y noches, protegiéndola de los espíritus malignos que intentan desviarla, confundirla, aprisionarla. Es la presencia segura en lo desconocido. Es con él que el alma se mueve hasta el puente Chinvat, donde será juzgada. En ese recorrido, su voz resuena como guía, como consuelo, como claridad. El alma que escuchó su conciencia en vida reconoce su voz después de la muerte. Y es guiada con confianza.

La iconografía espiritual de Sraosha lo muestra como un ser de belleza inusual, vestiduras blancas, ojos atentos, firme como la verdad que representa. Su arma es la palabra. Su escudo, la escucha. No destruye con violencia, sino con revelación. No vence con fuerza, sino con presencia. Su mera proximidad ya transforma el espacio: donde él entra, la mentira vacila, el odio se calla, el ego se silencia. Es, por eso, tan temido por los *daevas* como amado por los justos.

Su conexión con la palabra es profunda. En el Zoroastrismo, la palabra tiene poder creador. Cada oración pronunciada con sinceridad es un arma contra el mal, un instrumento de alineamiento con el cosmos. Sraosha es el espíritu que garantiza que esa palabra no se pierda. Conduce las preces hasta el plano divino, purifica los sonidos, traduce el murmullo del corazón en lenguaje comprensible por los inmortales. Sin él, las palabras serían ruido. Con él, se tornan puentes.

En los rituales, su invocación es constante. Es homenajeado en las horas de la noche, en los momentos de decisión, en los votos de silencio, en las ceremonias de iniciación y de despedida. Su función como protector de las almas también lo aproxima a los ritos funerarios, en los cuales su presencia es invocada para que el pasaje del espíritu ocurra con seguridad y claridad. Es el primero en ser llamado cuando se desea discernimiento. Y el último en partir cuando el alma se encuentra consigo misma.

En el mundo contemporáneo, Sraosha continúa siendo una referencia profunda. En un tiempo saturado de sonidos, de distracciones, de voces que claman por atención, su figura invita al recogimiento, a la escucha interior, a la vigilancia del espíritu. Recuerda que la verdadera espiritualidad no está solo en los actos visibles, sino en lo que se oye en silencio. En lo que se percibe cuando todo lo demás calla.

Enseña que la conciencia es viva. Que la ética no es un código externo, sino una voz interna. Que la vida espiritual comienza cuando se escucha más de lo que se habla, cuando se observa más de lo que se juzga. Es el puente entre el saber y el ser. Entre el oír y el actuar. Y cada vez que un alma decide no ceder a la rabia, al engaño, a la vanidad —cada vez que elige, incluso en silencio, el camino más justo— Sraosha está allí. Invisible. Presente. Vigilante.

A diferencia de lo que muchos podrían imaginar, la presencia de Sraosha no está restringida a las esferas místicas o a los momentos ceremoniales. Se infiltra en los gestos cotidianos, en las pequeñas decisiones silenciosas, en los dilemas morales que surgen sin anuncio. Su actuación se revela cuando alguien opta por escuchar un pensamiento incómodo en vez de silenciarlo con distracciones; cuando una verdad difícil es acogida en vez de rechazada. Esa escucha interior, cultivada con disciplina y sensibilidad, es un campo donde Sraosha siembra discernimiento y cosecha claridad.

En un mundo donde se habla para dominar, su presencia rescata la escucha como un acto de libertad y coraje. Por eso, su vigilia no debe entenderse como un control, sino como un amparo. No impone; sustenta. No dicta caminos; los ilumina por dentro. La conciencia, ese territorio íntimo e intransferible, encuentra en él un aliado silencioso, pero inquebrantable. En el ruido de nuestros conflictos internos, su voz es casi siempre discreta —pero es justamente su delicadeza la que la vuelve inconfundible. Cuando nos alejamos del tumulto y nos aproximamos a lo que pulsa con autenticidad, es Sraosha quien nos acompaña, ofreciendo no respuestas prefabricadas, sino la posibilidad de formular las preguntas correctas.

Y así, él continúa su oficio sin alarde, sustentando la llama que arde en el núcleo de cada ser que busca la verdad. Entre sombras y luces, entre errores y aprendizajes, permanece atento, no como juez, sino como presencia. En la escucha verdadera que atraviesa las palabras, en la elección ética hecha incluso sin platea, en la paz que brota del silencio vivido con entereza —es allí donde Sraosha revela su rostro. No como un fin, sino como un camino que siempre invita a continuar.

Capítulo 22
Rashnu, el Pesador

Cuando el alma deja el cuerpo y se aproxima al puente Chinvat, donde la travesía definitiva separa a los justos de los impíos, es Rashnu quien se posiciona en el centro del juicio. Su papel es austero, preciso, implacable. Es el espíritu de la justicia absoluta, aquel que pesa los actos de la vida humana en su balanza espiritual. Y su balanza no conoce favoritismo, no responde a súplicas, no se inclina por emoción: responde solo a la verdad.

En el Zoroastrismo, el juicio del alma no es una ficción moral o una metáfora psicológica —es una realidad espiritual. Cada pensamiento, palabra y acción deja una marca en el tejido invisible del ser. El alma, al dejar el cuerpo, carga consigo esas marcas, que no pueden ser ocultadas. Rashnu, el Pesador, no crea esas marcas, solo las revela. Es el reflejo de la vida vivida, la objetividad sin mancha, el ojo que ve lo real sin velos.

El nombre Rashnu significa, en su esencia, "el Justo", "lo que es recto". Y la rectitud aquí no es solo formal. Es una coherencia interna entre lo que se piensa, lo que se dice y lo que se hace. Su función en el tribunal de las almas es equilibrar las dos partes de la balanza: de un lado, los actos del bien; del otro, los actos del mal.

Pero no se trata de una contabilidad fría. Lo que pesa no es solo el número, sino la intención, la profundidad, el impacto. Un acto de bondad sincero, realizado en un momento de gran tentación, puede pesar más que decenas de gestos correctos hechos por conveniencia.

Aun así, Rashnu no es juez solitario. Actúa junto a Mithra, el guardián de los pactos, y Sraosha, el espíritu de la conciencia despierta. Mientras Sraosha protege al alma de los engaños y Mithra observa los compromisos rotos, Rashnu calcula. Su juicio es como un espejo: no condena, solo revela. Y el alma, al verse reflejada en ese espejo, comprende con claridad si es digna de atravesar o si caerá.

La balanza de Rashnu es símbolo central en la espiritualidad zoroastriana. Es, al mismo tiempo, objeto ritual, arquetipo ético e instrumento cósmico. En el plano litúrgico, aparece en las representaciones simbólicas del juicio. En el plano ético, es el criterio de conducta. El fiel vive con la conciencia de que será pesado. Y no hay peso que se oculte. Nada escapa a su mirada: ni las intenciones disfrazadas, ni los actos ocultos, ni los silencios culpables.

La justicia de Rashnu es absoluta, pero no es punitiva. No condena por placer. No se alegra con la caída del impío, ni se conmueve con el lamento del arrepentido. Simplemente actúa. Su neutralidad es su fuerza. Su imparcialidad, su gloria. Para los justos, su presencia es liberadora. Para los que vivieron con duplicidad, es temida. Es la frontera entre la ilusión y la consecuencia. Entre el discurso y la esencia.

En los rituales zoroastrianos, Rashnu es recordado en momentos de reflexión moral. Su imagen evoca seriedad, sobriedad, responsabilidad. Es invocado antes de decisiones importantes, en ceremonias de reconciliación, en preces por justicia en tiempos de injusticia social. Su presencia inspira la rectitud como estilo de vida. Enseña que la justicia no es venganza, ni mero equilibrio externo —es orden en el interior del ser.

En el cuerpo espiritual del universo, Rashnu actúa como el peso que impide el colapso de la creación. El bien debe tener peso real. La justicia no puede ser un ideal vago —necesita ser mensurable. Cada vez que un ser humano actúa con verdad, su acción no se pierde. Cae en la balanza. Y su peso contribuye a mantener posible el puente Chinvat. A cada mentira, a cada traición, a cada acto de crueldad, la balanza se inclina, y el puente se afina.

Pero Rashnu también guarda una lección de misericordia. Porque su justicia no es automática. Reconoce el cambio. El arrepentimiento verdadero tiene peso. La rectificación de un error vale más que el error mantenido. Lo que exige es sinceridad. Lo que evalúa es la dirección del corazón. Y aunque alguien se haya desviado, si sus últimos pasos fueron firmes en el camino de la verdad, podrá ser sostenido.

La balanza, en este sentido, es también invitación. No sirve solo para pesar a los muertos —sirve para orientar a los vivos. Cada fiel que recuerda a Rashnu en sus elecciones, pesa sus palabras antes de hablar, mide sus acciones antes de actuar. Vive con equilibrio. Y ese equilibrio no es pasividad: es fuerza. Es el centro firme en medio de las presiones del mundo.

En la tradición zoroastriana, los que viven bajo la mirada de Rashnu son los más libres. Pues saben que la verdad, al final, prevalece. Que la justicia no duerme. Que todo será revelado. Y que la vida correcta no necesita testigos —solo integridad.

Vivir bajo la presencia constante de Rashnu es caminar con el sentido agudo de la consecuencia, no por miedo al castigo, sino por la íntima comprensión de que cada gesto moldea el destino. No ofrece atajos, no acepta máscaras ni se curva ante la autocompasión. En tiempos en que la verdad es frecuentemente distorsionada para servir a intereses, su figura se erige como símbolo de lucidez y firmeza. Rashnu recuerda que la vida es un campo de elecciones, y que, incluso en medio de las incertidumbres del mundo, hay un orden invisible que observa, registra y, un día, revela con precisión lo que cada ser fue en esencia.

Esa claridad espiritual, sin embargo, no anula la compasión. La justicia que Rashnu representa no es la negación de la esperanza, sino su condición más verdadera. No cierra caminos; antes bien, muestra cuáles están realmente abiertos. La balanza que carga, con su capacidad de percibir el valor del arrepentimiento, dignifica el esfuerzo humano en revertir el mal, en buscar el bien incluso después del error. Esto hace de Rashnu un guardián no solo del juicio, sino de la evolución. Pesa no solo dónde alguien estuvo, sino hacia dónde se está moviendo —y ese movimiento interior es lo que puede redimir hasta las historias más fragmentadas.

La presencia de Rashnu, por lo tanto, no es una carga, sino un recordatorio constante de la libertad que habita en la verdad. Bajo su mirada, cada vida es medida con justicia, pero también con una exactitud que reconoce la complejidad de ser humano. Al final, su balanza no condena, solo refleja. Y reflejarse en ella es, quizás, la experiencia más profunda de autoconocimiento: el momento en que el alma, desnuda de ilusiones, encuentra su propia medida —y con ella, la posibilidad real de atravesar el puente.

Capítulo 23
Atar, el Espíritu del Fuego

Entre todos los elementos reverenciados en el Zoroastrismo, el fuego es, sin duda, el más visible, el más simbólico y el más sagrado. Pero el fuego no es solo un fenómeno físico —es, ante todo, una presencia espiritual. Esa presencia tiene nombre y conciencia: Atar, el espíritu sagrado del fuego, chispa viva de la verdad, testigo luminoso del pacto entre lo humano y lo divino. Es la llama que no solo quema, sino que revela. La luz que He solo ilumina, sino que purifica.

Atar no es un dios del fuego, como concebido en otros panteones. Es un Yazata, un espíritu creado por Ahura Mazda para servir como uno de los intermediarios más directos entre el plano humano y el espiritual. Su llama representa la verdad en su forma más pura, pues el fuego consume la impureza, repele la mentira, revela lo que está oculto. Es por eso que el fuego zoroastriano nunca se deja apagar: no es un simple símbolo —es una manifestación concreta de la presencia sagrada.

En los templos del Zoroastrismo, el fuego ocupa el centro. Arde en altares elevados, en cámaras sagradas donde solo los iniciados pueden entrar, donde la llama es mantenida viva con dedicación, cuidado y reverencia.

Pero este fuego no es combustible solamente —es energía espiritual. Está presente en cada oración, en cada ofrenda, en cada purificación. Toda ceremonia significativa del Zoroastrismo ocurre ante el fuego. La llama es testigo. Ve, oye, recuerda.

El nombre "Atar" también carga, en su núcleo, la idea de esencia. Es más que fuego físico: es el fuego interior, el fuego de la mente despierta, de la conciencia limpia, de la palabra verdadera. Cuando un fiel habla la verdad, se dice que Atar se enciende en su voz. Cuando alguien actúa con rectitud, Atar brilla en sus gestos. Cuando se combate la oscuridad interior, Atar consume los residuos de la mentira. Es, por lo tanto, un espíritu tanto externo como interno —llama y llama interior.

En las tradiciones más antiguas, Atar es descrito como un joven guerrero resplandeciente, portador de claridad, combatiente de la falsedad. Es el enemigo directo de Angra Mainyu y de sus siervos, pues la mentira no puede sostenerse ante la luz. Actúa en silencio, como toda verdad profunda. Su presencia se siente, más que verse. Pero cuando se manifiesta, todo se transforma: lo falso es revelado, lo impuro es quemado, lo verdadero es enaltecido.

El fuego es también puente entre los mundos. En rituales funerarios, el fuego de Atar se mantiene encendido para guiar al alma en la oscuridad de la travesía. Ilumina el camino hasta el puente Chinvat. Purifica los pensamientos, quema los residuos emocionales, disipa los miedos. El alma que vivió con verdad no teme a Atar —lo reconoce como aliado. Pero el alma que mintió, que traicionó, que corrompió su propia chispa, esa teme su presencia, pues sabe que no podrá esconderse más.

Atar también está presente en los cuatro elementos fundamentales de la vida: es el calor del sol, la combustión de la madera, la energía de los cuerpos, la chispa en los ojos del justo. Vive en los hogares, en los templos, en las palabras sagradas. Su mantenimiento es uno de los actos más nobles del sacerdocio zoroastriano. Cuidar del fuego es cuidar de la verdad. Alimentarlo es reforzar el orden. Y su extinción, voluntaria o por negligencia, es considerada una señal de desorden espiritual.

Entre los hogares zoroastrianos, es costumbre mantener una pequeña llama o lámpara encendida durante momentos importantes —nacimiento, boda, oraciones, celebraciones estacionales. Ese fuego doméstico es una extensión del fuego del templo. No es necesario ser sacerdote para honrar a Atar. Cada fiel puede ser guardián de la llama, siempre que lo haga con reverencia, con pureza, con verdad. Pues Atar no habita donde hay falsedad. Su presencia exige integridad.

Es también el espíritu de la justicia aplicada. En juicios, disputas, decisiones éticas, Atar es invocado como luz de la claridad. No decide, pero ilumina. No interfiere, pero revela. Ante su llama, los engaños se disipan. No es por casualidad que se dice que todo juramento verdadero debe hacerse ante el fuego. Pues escucha. Graba. Responde.

Y está, aún, el fuego interior —el fuego que cada ser humano carga en el núcleo de su conciencia. Atar arde dentro de los justos. Es él quien calienta el corazón del fiel, quien ilumina el discernimiento, quien consume las sombras interiores. Cultivar esa llama interna es parte esencial del viaje espiritual. Sin ella, no hay rectitud que resista. Sin ella, la oscuridad se propaga. Pero con ella, hasta la menor verdad se vuelve luz suficiente para guiar al alma en medio del caos.

La presencia de Atar, así, trasciende el espacio ritualístico y toca las capas más profundas del ser. No es solo invocado —es cultivado. En cada gesto ético, en cada palabra dicha con sinceridad, en cada pensamiento que busca la verdad en vez de la conveniencia, la chispa de Atar se fortalece. El fuego, lejos de ser un símbolo estático, se vuelve movimiento interior, transformación constante. Incendia lo que es ilusorio y calienta lo que es íntegro, recordando que el proceso de purificación es continuo y exige vigilancia constante.

El espíritu del fuego no solo ilumina el mundo — lo exige despierto. Aquellos que transitan el camino de la rectitud reconocen que cargar a Atar en el corazón es aceptar la presencia de la verdad como compañera intransigente. No hay espacio para medias palabras, ni para intenciones ambiguas. La llama interior clama por autenticidad. En lo cotidiano, esto se refleja en las elecciones silenciosas, en los enfrentamientos éticos invisibles, en los momentos en que la conciencia se impone al deseo.

Y cuando el mundo se vuelve opaco, Atar se presenta como aquel que aclara la visión —no ofreciendo respuestas prefabricadas, sino volviendo imposible la permanencia en la mentira. Revela el paisaje moral en toda su nitidez, sin adornos ni sombras, y esa claridad, aunque a veces dolorosa, es también liberadora.

Al final, Atar permanece como vigía y compañero. No exige sacrificios grandiosos, sino constancia. No demanda temor, sino sinceridad. Es la presencia viva que transforma hogares en santuarios, palabras en compromisos y vidas en testimonios. Cargar su llama es aceptar que la verdad arde, pero no consume —forja. Y que el fuego que guía es el mismo que purifica, que acoge, que recuerda: donde haya luz verdadera, allí estará Atar, firme, silencioso, ardiendo con la intensidad serena de todo aquello que es esencial.

Capítulo 24
Haoma, la Planta Divina

En el corazón ritual del Zoroastrismo, donde la materia encuentra al espíritu y la ofrenda se transforma en vínculo entre lo humano y lo divino, hay una planta sagrada que no solo es consumida, sino reverenciada: Haoma. No es solo vegetal —es espíritu. No es solo bebida —es presencia. Haoma es tanto una planta como una divinidad, tanto un cuerpo como un ser. Y su savia no alimenta solo el cuerpo: fortalece el alma, purifica el corazón, ilumina el pensamiento.

En la tradición zoroastriana, Haoma ocupa un lugar central en los rituales del Yasna, donde es preparada, consagrada e ingerida como parte de la comunión con lo sagrado. Su preparación no es simple: implica moler las ramas verdes, mezclar con agua pura, y recitar oraciones específicas durante el proceso. No se trata de una poción cualquiera. Es una bebida vivificada, una esencia vegetal convertida en vehículo espiritual. Al ser consumida, no solo alimenta —transforma.

Pero Haoma no es solo una planta en el sentido botánico. Es un espíritu viviente, una entidad consciente creada por Ahura Mazda para ofrecer vigor, longevidad e iluminación espiritual. Es el espíritu de la vida vegetal en su forma más pura, el principio del crecimiento, de la renovación y de la fortaleza interior. En algunas tradiciones, Haoma es descrito como un sacerdote celeste, como un hombre de luz, cuyas palabras curan, cuyos ojos ven la verdad, cuyo cuerpo es remedio.

La etimología del nombre "Haoma" sugiere movimiento, extracción, transformación. Es, por eso, el espíritu de la alquimia espiritual: aquello que es retirado de la tierra, preparado con conciencia y ofrecido a lo sagrado se convierte en camino hacia lo divino. Su savia es símbolo de vitalidad inquebrantable. No hay ritual de poder en que esté ausente. Su presencia es invitación a la integridad, al coraje, a la renovación.

El Haoma más reverenciado es el dorado, descrito como una planta luminosa, de aura viva, cuyos efectos no se restringen al cuerpo físico. Según los himnos del Avesta, los héroes del pasado —incluyendo al propio Zaratustra— bebieron del Haoma y, con eso, recibieron fuerza espiritual, visión clara, protección contra el mal. No es droga. No es fuga. Es despertar. Es presencia intensificada.

En el plano litúrgico, Haoma es preparado con extrema reverencia. Los sacerdotes que lo manipulan deben estar en estado de pureza, con pensamientos rectos e intenciones limpias. Durante el Yasna, la bebida es ofrecida en cánticos, en diálogos con los espíritus de la creación, como si el propio Haoma estuviera presente, oyendo, respondiendo, fortaleciendo. Su ingestión es limitada a momentos específicos, porque no se trata de un consumo utilitario, sino de un acto de comunión.

Haoma también es símbolo de la longevidad espiritual. En sus himnos, es alabado como "el que aleja la muerte", "el que cura a los enfermos", "el que fortalece a los justos". No promete inmortalidad física —promete vitalidad espiritual que no se corrompe. Al beberlo con conciencia, el fiel no solo es fortalecido: es alineado con la verdad. Es como si la savia de la planta recorriera los canales del alma, disolviendo mentiras, curando heridas, reencendiendo la chispa interior.

También es protector de las madres y los niños. La tradición lo asocia a la fertilidad, a la gestación, al parto seguro. Ofrecer Haoma a las mujeres embarazadas era gesto de bendición, de conexión con la vida en formación. Su energía es tanto masculina como femenina. Fertiliza, pero también acoge. Da fuerza, pero también cura. No es polarizado —es total. Refleja el propio ciclo de la naturaleza, donde nacer y morir son partes de una misma danza.

En la mitología zoroastriana, Haoma es también combatiente del mal. Su luz ahuyenta a los *daevas*, su savia purifica los espacios espiritualmente corrompidos. En batallas espirituales, su presencia es invocada como escudo. No por fuerza bruta, sino por pureza intensa. El mal, para el Zoroastrismo, no soporta la presencia de lo que es esencialmente puro. Y Haoma es la pureza líquida, el espíritu vegetal incorruptible.

En las representaciones simbólicas, Haoma aparece a veces como un árbol luminoso, otras veces como una figura radiante con un cáliz en las manos. Esas imágenes, lejos de ser idolatría, son manifestaciones pedagógicas de su función: recordar que la vida está en la tierra, pero su origen es celeste. Recordar que el cuerpo es templo, y que cada alimento, si consagrado, puede ser sacramento. Recordar que hasta lo que crece en silencio carga en sí la fuerza de una divinidad.

En el mundo contemporáneo, aunque la planta específica original de Haoma no sea identificada con certeza —con hipótesis variando entre efedra, ruda y otras—, su espíritu permanece activo. Los rituales con Haoma continúan entre los parsis y otros zoroastrianos. Su ingestión simbólica, su memoria litúrgica, su cántico sagrado aún resuenan. Es uno de los últimos lazos vivos entre el cuerpo y la espiritualidad más concreta. Una divinidad que se deja tocar, preparar, compartir.

Haoma es, así, más que planta. Es camino. Es espejo de la condición espiritual de la humanidad. Enseña que, incluso viniendo de la tierra, es posible convertirse en vehículo de la luz. Que, incluso en cuerpo vegetal, es posible contener sabiduría. Que, incluso siendo cosechado, preparado y consumido, su esencia permanece viva —pues no es el cuerpo de la planta lo que es sagrado, sino su conciencia.

La presencia de Haoma en la tradición zoroastriana revela una enseñanza profunda sobre la interconexión entre la naturaleza y el espíritu, entre el gesto ritual y la transformación interior. Al beber Haoma, no se ingiere solo una sustancia —se realiza un pacto silencioso de renovación y escucha. Recuerda que la vida es una corriente que fluye entre planos, y que hasta aquello que brota de la tierra carga un origen luminoso. En su simplicidad vegetal reside una potencia espiritual que atraviesa los tiempos, los cuerpos y los mundos, ofreciendo al fiel no un milagro instantáneo, sino la posibilidad de transmutar la existencia por el alineamiento con la verdad.

Haoma enseña que hay sabiduría en el ritmo lento del crecimiento, en la escucha atenta de lo que florece sin alarde. Invita a una espiritualidad encarnada, que no niega el cuerpo ni la materia, sino que los transforma en canales de lo sagrado. Su preparación cuidadosa, sus oraciones específicas, su ingestión ritualizada —todo eso apunta a una relación diferente con el mundo: una relación de reverencia, de presencia, de escucha. Es el recuerdo de que aquello que alimenta el cuerpo puede también alimentar el alma, si es cosechado con respeto, consagrado con intención y recibido con gratitud. Y que esa unión entre lo vegetal y lo espiritual no es excepción —es modelo.

Al final, Haoma permanece como un vínculo vivo entre lo visible y lo invisible, entre la savia y la conciencia. Su misterio no está en ser totalmente comprendido, sino en ser vivenciado con entereza. Guarda, en cada gota, la posibilidad de la reconexión: con la tierra, con la luz, consigo mismo. Como espíritu, continúa circulando donde hay búsqueda sincera por claridad y vitalidad. Y en cada fiel que se abre a esa comunión —sea en un templo, en un cántico o en el silencio interior— Haoma renace. No como planta, sino como presencia viva de aquello que es puro, esencial e incorruptible.

Capítulo 25
Fravashis, los Protectores

En el Zoroastrismo, donde cada fuerza del universo está dotada de conciencia, y cada elemento del mundo participa de un orden moral y espiritual, existen entidades que sobrepasan las fronteras entre los mundos visible e invisible. No nacen, propiamente, ni mueren. Están entre lo eterno y lo transitorio, entre lo individual y lo colectivo. Son los Fravashis —los protectores invisibles, las esencias inmortales que acompañan, inspiran y defienden a los seres humanos, los elementos de la naturaleza e incluso a los héroes del pasado. No son solo espíritus ancestrales —son los reflejos más puros del ser.

El término "Fravashi" carga una complejidad que no puede reducirse a una única definición. En su origen, la palabra apunta al "yo superior", la "esencia eterna", la parte del ser que está en conexión directa con el orden cósmico. Cada persona posee su Fravashi —una forma ideal e inmortal, que precede al nacimiento y sobrevive a la muerte, observando y acompañando el viaje terrenal del alma. Esa esencia no es una copia, sino una matriz espiritual, una chispa del proyecto divino que cada ser humano carga dentro de sí.

Los Fravashis no están restringidos a los vivos. También incluyen a los ancestros —aquellos que vivieron en justicia, en rectitud, en fidelidad a la luz. Los héroes que defendieron la verdad, los sabios que enseñaron la sabiduría, los padres y madres que vivieron con dignidad —todos continúan viviendo a través de sus Fravashis. Esos espíritus, aunque no sean adoración central en el culto zoroastriano, son constantemente invocados y honrados. No como dioses, sino como guardianes, como compañeros de viaje.

Hay aún Fravashis que no se vinculan a humanos. Existen Fravashis de montañas, ríos, árboles antiguos, animales protectores. La creación entera, en su forma más esencial, posee ese doble espiritual que la ancla en el orden. Cuando se ora pidiendo protección a la naturaleza, se está, muchas veces, pidiendo que los Fravashis de las montañas y de las aguas intervengan. Que cuiden, que inspiren, que restablezcan el equilibrio.

Durante los festivales del Farvardigan —los días dedicados a los muertos y a los ancestros— los Fravashis reciben ofrendas simbólicas: fuego, agua, flores y alimentos simples. Se cree que visitan a los vivos en ese período, que caminan entre las casas, que escuchan las oraciones, que recogen las nostalgias, que restauran la esperanza. Es un tiempo de comunión entre mundos. No hay miedo a la muerte entre los zoroastrianos que conocen a los Fravashis —pues saben que la muerte es solo una transición, y que el vínculo con los suyos nunca se rompe de verdad.

La función principal de los Fravashis es la protección. Protegen contra los asaltos del mal, contra los engaños espirituales, contra la debilidad moral. Están siempre presentes en los momentos de duda, en los conflictos interiores, en las elecciones difíciles. No hablan en voz audible —pero su presencia se siente como un soplo de claridad, como un recuerdo silencioso de quién se es. Muchos relatos antiguos hablan de personas salvadas por un impulso repentino, por una intuición inexplicable —y esas son comprendidas como manifestaciones de los Fravashis, actuando en silencio para preservar el camino justo.

Hay también la dimensión de que los Fravashis inspiran. No son solo escudos —son faros. Iluminan el camino que el alma debe transitar para alinearse con su forma más elevada. Aquello que una persona podría ser, en su estado más pleno de rectitud y conciencia, ya existe como Fravashi. Y la vida es el esfuerzo continuo de volverse digno de esa esencia. Es por eso que el mal no puede tocar el Fravashi de nadie —es inviolable. E incluso si el alma erra, se desvía, se corrompe, el Fravashi permanece intacto, esperando, inspirando, guiando.

El Zoroastrismo enseña que, al morir, el alma encuentra nuevamente a su Fravashi. Y ese reencuentro es decisivo. El alma, al mirar su propia esencia, comprende todo lo que fue, todo lo que podría haber sido, y todo lo que aún puede ser. Si vivió en consonancia con esa chispa superior, es acogida. Si no, es invitada a la reparación. Pero el juicio no es castigo —es revelación. Y el Fravashi es testigo y luz.

En los textos sagrados, los Fravashis son descritos como seres de luz, firmes como rocas, puros como el fuego de Atar, silenciosos como Sraosha, inmortales como Ameretat. Son fuerzas que no se imponen, pero que sustentan. Cuando un alma sucumbe a la desesperación y encuentra fuerzas para levantarse, es el Fravashi quien la yergue. Cuando una decisión difícil es tomada con coraje y claridad, es el Fravashi quien inspiró. No actúan en lugar del alma, pero muestran el camino. Son el recuerdo vivo de lo que es posible cuando se elige el bien.

En la vida cotidiana, recordarse de los Fravashis es mantener una conexión constante con el ideal. Es vivir como quien tiene un espejo espiritual observándolo. No por miedo, sino por respeto. Por amor. Porque se sabe que hay algo más, algo mayor, algo eterno observándonos —no para juzgar, sino para guiar. Y ese algo no está fuera, sino dentro. Es parte del propio ser.

Honrar a los Fravashis es honrar el linaje de la luz. Es reconocer que no se camina solo. Que hay una cadena de sabiduría y justicia que nos precede, que nos envuelve, que nos impulsa. Y que, un día, también nosotros seremos Fravashis para los que vendrán. Que nuestras elecciones de hoy resonarán en la conciencia de los descendientes. Que nuestra luz, si cultivada, servirá de faro para otras almas en otras eras.

La conciencia de vivir bajo la mirada silenciosa de los Fravashis transforma cada gesto en semilla y cada elección en herencia. No imponen, pero sustentan; no interfieren, pero señalan —con una delicadeza firme que se hace presente cuando todo parece derrumbarse. Hay, en ese vínculo, una pedagogía espiritual: los Fravashis no solo protegen, sino que enseñan. Enseñan a ser íntegro incluso en el anonimato, a actuar con rectitud incluso sin garantías, a recordar que cada paso puede ser luz para alguien que aún vendrá. En la tesitura invisible de la existencia, son ellos quienes mantienen la trama cohesiva, ligando pasado, presente y futuro por un hilo de oro que jamás se parte.

Más que un culto a los ancestros, la relación con los Fravashis es un reconocimiento de la eternidad que habita el instante. Cuando se actúa con coraje, cuando se elige el bien a pesar del costo, cuando se insiste en la verdad en medio del ruido —es el Fravashi el que se vuelve activo, vibrante, reflejando en el interior del ser la imagen del alma en su plenitud. No son solo proyecciones del ideal humano; son la memoria viva del origen divino de cada uno.

Y es por eso que, incluso en los momentos más oscuros, incluso cuando todo parece perdido, siempre hay una chispa que insiste en arder. Esa chispa es la promesa del Fravashi: de que aún hay camino, de que aún hay sentido, de que aún hay luz. Vivir a la altura del propio Fravashi es el desafío silencioso que permea el viaje terrenal. Y al comprenderlo, el fiel no camina más solo, sino en alianza con algo que lo trasciende. No se trata de perfección, sino de dirección. De un compromiso sutil y constante con la mejor versión de sí mismo —aquella que ya existe, que ya observa, que ya espera. Y cuando, un día, el alma finalmente se reencuentre con esa presencia que siempre estuvo allí, reconocerá no solo quién fue, sino quién jamás dejó de ser. Pues los Fravashis no son fantasmas del pasado, sino semillas de lo eterno en cada uno de nosotros.

Capítulo 26
Dualidad en los Seres Espirituales

En la intrincada tapicería espiritual del Zoroastrismo, donde cada entidad carga un propósito y una identidad bien definida, emerge una capa más sutil y, a veces, desconcertante: la presencia de la dualidad en ciertos seres espirituales. Aunque la cosmovisión zoroastriana establece un nítido contraste entre las fuerzas del bien, comandadas por Ahura Mazda, y las del mal, originadas de Angra Mainyu, hay entidades cuya naturaleza parece oscilar, reflejar ambigüedades o incluso espejar, de forma invertida, un correspondiente antagónico. Este capítulo se sumerge en esas figuras que habitan los umbrales —ni enteramente luz, ni puramente sombra.

La esencia del Zoroastrismo es la oposición moral clara: Spenta Mainyu, el Espíritu Benevolente, y Angra Mainyu, el Espíritu Destructivo, representan dos realidades que coexisten, pero jamás se funden. Sin embargo, entre los Yazatas y otros seres espirituales, esa claridad absoluta a veces está envuelta por capas de tensión. Algunas entidades, aunque fundamentalmente benevolentes, manifiestan aspectos o atributos que pueden asemejarse a fuerzas opuestas. Otras son dobles especulares, cuyas funciones se vuelven más comprensibles cuando se examinan a la luz de su opuesto.

Hay, por ejemplo, Yazatas que presentan comportamientos o dominios que requieren una vigilancia interpretativa. Mithra, el guardián de los pactos, cuya función es velar por la justicia y la observancia de la verdad, es también un espíritu que vigila incesantemente, que exige fidelidad sin fallas, que castiga a los que rompen alianzas. Su brillo puede ser tan implacable como el del propio sol, y en su figura se ve el peligro de la luz que quema cuando es mal utilizada. La justicia sin compasión, la verdad sin medida, pueden volverse sombras —y es ahí donde la dualidad se insinúa como advertencia.

Sraosha, el espíritu de la escucha y la obediencia, es otro ejemplo de ambigüedad percibida. Su poder es silencioso, nocturno, íntimo. Vigila los pensamientos, acompaña a los muertos, protege a los vivos durante el sueño. Pero ese contacto con el mundo de los muertos, con las sombras interiores de la mente humana, le confiere una proximidad con el umbral entre luz y oscuridad. Es exactamente esa travesía constante la que lo hace fuerte. Sraosha no teme a la oscuridad —la ilumina por dentro. Pero su naturaleza recuerda que la vigilancia espiritual no se realiza solo a la luz del día, y que incluso la pureza debe conocer las tinieblas para poder vencerlas.

Además de estos aspectos ambiguos dentro de los propios Yazatas, el Zoroastrismo también reconoce la existencia de equivalentes malignos, los llamados *daevas* o *drujas*. Estos espíritus de la mentira, de la confusión, del caos y de la muerte muchas veces representan la inversión directa de una entidad del bien. Así como existe Asha Vahishta, la Verdad Suprema, hay *Druj*, el espíritu de la mentira, que seduce con apariencias de verdad y corrompe el orden. Como una sombra que imita la forma de la luz, Druj es el reflejo distorsionado de Asha.

Esta estructura especular revela una realidad espiritual compleja: el mal, en el Zoroastrismo, no crea —corrompe. Angra Mainyu no posee el poder creador de Ahura Mazda. Sus fuerzas se manifiestan a través de la distorsión de lo que ya existe. Es por eso que muchos *daevas* parecen imitaciones grotescas de Yazatas. Su fuerza está en la mentira, en la apariencia, en el engaño. No poseen esencia verdadera —solo parasitan la energía desviada del orden original.

Hay aún entidades que poseen nombres o funciones similares, pero cuya interpretación varía según el contexto. Un ejemplo son los Fravashis. Aunque esencialmente protectores y asociados a la luz, existen registros en que su energía, cuando es descuidada u olvidada, se vuelve inconstante, perturbadora. Esto no significa que los Fravashis se vuelvan malos, sino que, como fuerzas espirituales conscientes, exigen reconocimiento y alineamiento. La no-invocación adecuada, la falta de honor, puede generar desajuste —y en ese desajuste, nace el desequilibrio que se asemeja al mal.

Esta idea de la dualidad como una invitación a la responsabilidad es central. El bien no es estático, ni automático. Necesita ser cultivado, invocado, mantenido. La ausencia de mantenimiento espiritual abre espacio para la infiltración del desequilibrio. Así, el mal no es una fuerza autónoma y creadora —es consecuencia de elecciones, de olvidos, de desvíos. Incluso entidades esencialmente buenas, si son mal comprendidas o mal relacionadas, pueden volverse fuentes de temor o confusión.

La dualidad, por lo tanto, no es relativismo. El Zoroastrismo no disuelve la frontera entre bien y mal —al contrario, la acentúa. Pero reconoce que el mal no surge como un ser separado: se infiltra como corrupción, como distorsión, como sombra proyectada por una luz mal direccionada. La espiritualidad zoroastriana, en este punto, es profundamente ética: el orden del mundo depende de la elección moral constante, de la vigilancia activa, del alineamiento consciente con la verdad.

Esa vigilancia se expresa también en los rituales. Toda ceremonia zoroastriana carga fórmulas específicas para alejar a los *daevas*, para purificar los espacios, para mantener el foco en el bien. No es superstición —es responsabilidad. La conciencia de que el mal actúa en las fallas, en las negligencias, en las zonas grises del alma. Donde no hay presencia clara de la luz, la sombra se instala. Y por eso, todo Yazata, incluso el más bondadoso, exige atención, invocación, conexión.

La dualidad en los seres espirituales revela, por lo tanto, que el mundo no está hecho de figuras absolutas e inmutables. Está hecho de relaciones. Es en la forma como el ser humano se relaciona con esas fuerzas que su naturaleza se revela. Un mismo espíritu puede proteger o perturbar, dependiendo del alineamiento interior de quien lo invoca. La luz que guía puede cegar. El agua que cura puede ahogar. El fuego que purifica puede consumir.

Esa comprensión relacional de la espiritualidad zoroastriana desplaza el foco de la ontología de las entidades hacia la ética del contacto. Los seres espirituales, aunque tengan naturalezas intrínsecas, se manifiestan con mayor o menor intensidad según la disposición interior y la postura moral del individuo que los invoca o los ignora. La espiritualidad deja de ser solo un sistema de creencias para tornarse un campo de interacción viva, donde la responsabilidad humana es permanente e intransferible. De esta forma, la dualidad no reside propiamente en las entidades, sino en los canales por los cuales se expresan —y esos canales son siempre humanos, sensibles a la intención, al celo y a la verdad.

Esto significa que el mal, por más amenazador que sea, es siempre dependiente del debilitamiento del bien. El desequilibrio surge no como un ataque frontal, sino como un vaciamiento silencioso, como una grieta por la cual la mentira se insinúa. En el Zoroastrismo, la batalla espiritual no se vence solo con fe, sino con constancia, con vigilancia sutil, con el compromiso continuo de sustentar el bien incluso en los gestos más simples.

Entidades ambiguas, como Sraosha o Mithra, no son paradojas, sino recordatorios de que la complejidad espiritual exige madurez. Reflejan el propio desafío humano de sustentar la luz en un mundo donde todo puede ser invertido, donde lo justo puede volverse tiránico si pierde el sentido de la medida. En ese escenario, la dualidad se revela como una lente ética, no como una contradicción teológica. Educa la mirada, alerta al espíritu, exige discernimiento. Enseña que el poder espiritual no es neutro: responde al modo como es accionado. Por eso, comprender la naturaleza ambigua de ciertos seres no debilita la claridad moral del Zoroastrismo —al contrario, la fortalece, al demostrar que la lucha entre bien y mal pasa inevitablemente por el campo de la conciencia. Y es en esa conciencia despierta, capaz de invocar con pureza y resistir con firmeza, donde reposa la verdadera victoria del espíritu.

Capítulo 27
Rituales de Invocación

En la espiritualidad zoroastriana, la relación con los seres espirituales —Ahura Mazda, los Amesha Spentas, los Yazatas, los Fravashis— no es solo contemplativa. Es activa, viva, profundamente ritualística. El Zoroastrismo no ve lo divino como una entidad distante, a ser solo comprendida o adorada en pensamiento, sino como una presencia real, convocable, que puede y debe ser invocada para alinear el alma humana con el orden cósmico. Y es en los rituales de invocación donde esa conexión se vuelve tangible, cuando la palabra se convierte en puente y el gesto, en vehículo de la luz.

Los rituales zoroastrianos no son meras repeticiones. Son recreaciones del cosmos en miniatura. Cada detalle, cada fórmula, cada instrumento tiene un papel preciso. La invocación de las entidades espirituales no se hace de manera genérica o simbólica: cada ser es llamado con nombres específicos, atributos detallados, saludado conforme a su función, envuelto en la red de relaciones que liga lo invisible a lo visible. El ritual es un lenguaje sagrado, cuidadosamente preservado, que transforma el tiempo ordinario en tiempo sagrado.

La base fundamental de estos rituales es la palabra pronunciada con verdad. La oración zoroastriana no es improvisada —es cantada, entonada, vibrada. Los textos del Avesta, como el Yasna, el Visperad y los Yashts, son recitados con entonaciones específicas, con el alma concentrada, con el cuerpo purificado. El sonido de la voz, el ritmo de la respiración, la cadencia de los himnos —todo eso participa de la invocación. La palabra es semilla espiritual: al ser lanzada al aire, germina en el plano invisible. Y el ser invocado responde.

Hay rituales específicos para cada categoría de espíritu. Los Amesha Spentas son invocados en celebraciones mayores, especialmente en los siete días del Farvardigan y durante el Yasna, donde cada uno es llamado conforme a su cualidad: Vohu Manah, la Buena Mente; Asha Vahishta, la Verdad Suprema; Khshathra Vairya, el Dominio Ideal; Spenta Armaiti, la Devoción Amorosa; Haurvatat, la Plenitud; Ameretat, la Inmortalidad. Cada uno de ellos recibe ofrendas simbólicas: fuego, agua, alimentos, flores —no como presentes, sino como reconocimiento de sus esferas de actuación.

Los Yazatas, por su parte, son invocados conforme a sus especialidades. Tishtrya, por ejemplo, es llamado en tiempos de sequía, con cánticos que narran su batalla contra el demonio de la esterilidad. Anahita es alabada con preces que involucran el agua, la fertilidad y la limpieza espiritual. Mithra es invocado para proteger los pactos, las promesas, los acuerdos. Haoma es preparado y consagrado como presencia líquida de lo sagrado vegetal. Cada Yazata posee fórmulas propias, nombres múltiples, epítetos sagrados. Y el fiel que los invoca, debe conocerlos, respetarlos, llamarlos con reverencia.

La purificación es etapa esencial. Antes de cualquier invocación, hay rituales de limpieza del cuerpo y del espacio: baños rituales, vestimentas blancas, la preparación del fuego sagrado, el uso de herramientas como el *baresman* —conjunto de ramas vegetales que representa la conexión con la naturaleza y los espíritus. El ambiente debe estar libre de impurezas físicas y espirituales. Pues la presencia de los Yazatas no puede mezclarse con la corrupción. Vienen cuando hay verdad —y se ausentan cuando hay mentira.

El fuego, representado por Atar, es central en casi todos los rituales de invocación. Es tanto ofrenda como testigo. La llama viva, que jamás debe apagarse durante el ritual, es mantenida encendida como señal de la luz eterna de Ahura Mazda. Recibe las palabras, las conduce, las purifica. El humo que sube es el canal entre mundos. La luz que se mantiene encendida es la señal de que la verdad permanece viva. El fuego no es objeto de adoración, pero es el altar vivo donde lo invisible se vuelve presencia.

En los rituales mayores, como el Yasna, los sacerdotes —*mobeds*— desempeñan roles específicos. Uno recita, otro responde, otro prepara el Haoma, otro cuida del fuego. La ceremonia puede durar horas. Cada gesto es medida, cada silencio es parte del habla. No hay prisa —hay sacralidad. El tiempo del ritual es el tiempo de lo eterno, en que cada segundo está lleno de sentido.

Allí, Ahura Mazda y sus servidores espirituales son llamados no como mitos, sino como presencias.

Hay también rituales domésticos, conducidos por los fieles en sus hogares. El altar doméstico zoroastriano puede ser simple, pero debe contener lo esencial: una llama viva, un recipiente con agua pura, flores frescas, ofrendas mínimas de alimento. Las oraciones son recitadas en avéstico o en traducciones consagradas. La invocación no requiere intermediario cuando se hace con verdad. El fiel puede, con pureza y reverencia, llamar a los Yazatas y a los Fravashis —y ellos vendrán.

Las oraciones son variadas. Algunas son cánticos largos, como los Gathas, atribuidos al propio Zaratustra, compuestos en lenguaje poético y filosófico. Otras son fórmulas breves, como el Ashem Vohu y el Yatha Ahu Vairyo, que condensan en pocas palabras toda la teología zoroastriana. Esos versos son repetidos a lo largo del día: al despertar, al encender el fuego, antes de las comidas, al dormir. Cada repetición es un recordatorio: lo sagrado no es evento —es estado continuo.

Invocar a los seres espirituales no es pedir favores. Es alinearse. Es declarar, con palabras y gestos, que se desea estar del lado del orden, de la verdad, de la luz. El Zoroastrismo no ofrece promesas fáciles. Los Yazatas no atienden caprichos. Pero responden con fidelidad a la fidelidad. Su presencia fortalece, purifica, orienta. Y el ritual es el lenguaje de esa alianza. Un diálogo sin disfraces, una oración que es más que palabra —es elección.

Esos rituales, lejos de ser ornamentos religiosos, son anclas espirituales. Mantienen viva la llama de la alianza entre lo humano y lo divino. Son prácticas que moldean la conciencia, que purifican el pensamiento, que conducen el alma de vuelta a su centro. Y cada vez que un fiel se arrodilla ante el fuego, recita los nombres sagrados, ofrece una flor, un cántico, un silencio lleno de verdad —el orden del mundo se reafirma.

Esa reafirmación del orden, sin embargo, no es un acto mecánico o automático. Exige del practicante presencia total —mental, emocional, corporal. La invocación, en el Zoroastrismo, no funciona como un botón mágico, sino como una vía de consagración interior. Al pronunciar los nombres sagrados, al realizar los gestos con intención, el fiel no solo llama a los seres espirituales: se transforma, se alinea. La ritualística zoroastriana, por eso, es menos sobre recibir bendiciones externas y más sobre generar coherencia interna. Lo sagrado no es traído de fuera —es despertado dentro.

Esa perspectiva revela la belleza exigente del culto zoroastriano: nada es concedido sin conciencia. La fe, en ese contexto, es menos creencia y más postura. Es la disposición constante de vivir en la presencia de la luz, incluso cuando el mundo alrededor parece envuelto en sombra. Y los rituales, con su disciplina, su simbolismo y su profundidad, funcionan como mapas para esa travesía espiritual. Recuerdan que el contacto con lo divino no depende solo del deseo, sino de la preparación —de la claridad de espíritu, de la firmeza de intención, de la rectitud del corazón.

Por eso, al invocar a los Yazatas, a los Amesha Spentas o incluso a Ahura Mazda, el fiel zoroastriano no solo realiza un acto devocional, sino que participa en una reconstrucción simbólica del universo. Cada prece, cada ofrenda, cada llama encendida es una afirmación de que el mundo puede, sí, permanecer en orden — siempre que haya alguien dispuesto a sustentar ese orden con verdad. Y así, el ritual deja de ser solo un gesto religioso para tornarse, en su sentido más profundo, un compromiso ético con la luz.

Capítulo 28
Entidades Femeninas

En el vasto panteón espiritual del Zoroastrismo, donde cada entidad manifiesta un aspecto de la creación y del orden cósmico, las figuras femeninas no son marginales ni secundarias —son centrales, esenciales, nutricias y transformadoras. No representan solo el aspecto pasivo o receptivo de la realidad, como en tantas tradiciones que relegaron lo femenino a una función de soporte. En el Zoroastrismo, lo femenino es fuerza activa, conciencia espiritual y fundamento moral. Las entidades femeninas no solo coexisten con los principios masculinos —los complementan, los equilibran y, a veces, los guían.

La primera y más elevada entre ellas es Spenta Armaiti, la Devoción Amorosa, la encarnación de la humildad y de la tierra. Su nombre ya revela la naturaleza de su presencia: "Spenta" (benéfica, expansiva) y "Armaiti" (piedad, entrega, amor fiel). No es solo un principio abstracto: es presencia concreta en la tierra que sustenta, en los campos que alimentan, en el suelo que acoge los cuerpos después de la muerte. Es la fuerza espiritual del acogimiento silencioso y del servicio incondicional. Es por medio de ella que la creación permanece firme y que el ser humano aprende a curvarse sin rebajarse, a servir sin perder la dignidad.

Spenta Armaiti también es la guardiana de la fe viva. No exige dogmas —exige coherencia. Su amor no es romántico ni abstracto, sino hecho de gestos concretos: el cuidado de la tierra, el respeto al alimento, la gratitud silenciosa por las dádivas diarias. Su femenino es firme, maternal, inflexible en el celo por el orden moral. Es a ella a quien el fiel recurre cuando desea purificarse de la arrogancia, de la dureza, de la desatención espiritual. Su vientre es el espacio donde el espíritu se reconcilia con la existencia.

Otra figura de inmenso poder y alcance es Anahita, la Señora de las Aguas. Es más que una Yazata —es una reina celeste. Ligada a la fertilidad, a la pureza, a la protección de las mujeres y a la fluidez espiritual, Anahita representa el poder femenino en su forma majestuosa. Gobierna los ríos, las lluvias, los nacimientos, los procesos ocultos de la gestación y de la renovación. Su presencia era tan poderosa en la tradición iraní que muchos de sus rasgos se esparcieron a otras religiones y culturas, siendo celebrada incluso bajo nombres diferentes, pero con la misma esencia.

Anahita no se limita a proteger —combate. Sus aguas no solo curan: ahogan a los demonios de la impureza. Su dominio no es solo dulzura: es rigor. Lo femenino aquí no es sinónimo de fragilidad, sino de potencia incontrolable, como los ríos que desbordan, como las mareas que limpian. Exige pureza, pero también ofrece misericordia. Aquellos que la invocan con sinceridad, incluso después del error, son acogidos.

Aquellos que la usan como amuleto sin devoción, no son reconocidos. Anahita ve lo íntimo —y responde a la verdad interior.

Hay aún una figura más oculta, pero de enorme importancia espiritual: Daena, la personificación de la conciencia moral y de la visión espiritual. Su nombre significa "visión" o "perspectiva interior". Es descrita como una bella mujer que se aproxima al alma después de la muerte, asumiendo la forma correspondiente a la vida vivida: bella y radiante para los justos, sombría y disforme para los que vivieron en mentira. Ella es el espejo del ser. Es la verdad reflejada en forma femenina. Y es con ella que el alma se topa antes de cruzar el puente Chinvat.

Daena no es entidad que pueda ser engañada. Es creada por la propia alma a lo largo de la vida. Cada pensamiento verdadero, cada gesto justo, cada palabra recta moldea su belleza. Cada desvío, cada mentira, cada crueldad hiere su forma. Es la compañera inevitable —el espejo que sigue al espíritu hasta el fin. No como castigo, sino como revelación. Y es su mano la que se extiende en la travesía para guiar, o su ausencia la que vuelve el camino imposible de ser recorrido.

Esas tres entidades —Armaiti, Anahita y Daena— forman un triángulo de fuerza espiritual femenina. Armaiti sustenta, Anahita purifica, Daena revela. Juntas, muestran que lo femenino en el Zoroastrismo no es atributo pasivo o decorativo: es matriz espiritual de lo real. Son fuerzas que modelan la conciencia, el cuerpo, el destino. Representan la profundidad del acogimiento, la furia de la limpieza, la claridad de la verdad. Son aspectos de la creación, pero también de la salvación.

El culto a las entidades femeninas en el Zoroastrismo es discreto, pero esencial. No hay templos exclusivos para ellas, pero hay espacios simbólicos donde su presencia es más intensa: las aguas corrientes, los campos cultivados, los altares donde el fuego y el agua se encuentran. Las mujeres, al rezar, al dar a luz, al cuidar de los muertos, se tornan canales vivos de esas entidades. Los hombres, al honrarlas, reconocen lo femenino no como otro, sino como parte. Y al invocarlas, todos los fieles acceden a una fuerza que trasciende los géneros: la fuerza de la vida que se curva sin ceder, que se entrega sin perderse.

Esas entidades también reflejan arquetipos profundos. Armaiti es la madre silenciosa que vigila la semilla bajo la tierra. Anahita es la guerrera de las aguas que protege a los vulnerables. Daena es la amante de la verdad que se vuelve jueza después de la muerte. Viven no solo en los ritos, sino en los sueños, en las elecciones, en los instintos éticos. Son presencias interiores, espejos de lo que cada ser humano puede ser cuando está en armonía con la creación.

En el tiempo actual, donde lo femenino fue tantas veces distorsionado, silenciado o marginalizado, la tradición zoroastriana ofrece un modelo profundo de reverencia e integración. No se trata de exaltar lo femenino por oposición a lo masculino, sino de comprenderlo como presencia activa y estructurante. Las entidades femeninas no piden adoración ciega — piden alineamiento con la verdad. No exigen sacrificio

—piden pureza. Y su recompensa es claridad, protección y fuerza interior.

En el silencio cotidiano de las acciones éticas, en el cuidado del mundo y en la atención a la interioridad, esas entidades femeninas continúan viviendo y actuando. No dependen de grandes rituales o ceremonias suntuosas para manifestar su presencia: su fuerza se revela en las actitudes coherentes, en los gestos de compasión y en los momentos de sinceridad profunda. Armaiti, Anahita y Daena son invocadas no solo con palabras, sino con el modo de estar en el mundo. Cada vez que alguien elige la humildad ante la arrogancia, la pureza ante el caos, la verdad ante la ilusión, esas figuras se vuelven presentes, como hilos invisibles ligando lo humano a lo sagrado.

Es en ese sentido que lo femenino zoroastriano sobrepasa el simbolismo religioso y penetra la esfera de la ética vivida. Ofrece una vía espiritual donde el poder no se opone al cuidado, donde la firmeza convive con la entrega, donde la justicia se entrelaza con la misericordia. Las entidades femeninas no compiten con los principios masculinos —los desafían a crecer, a elevarse, a volverse más compasivos. Son el soplo que despierta, el agua que purifica y el espejo que revela. Y por eso, su presencia permanece vital en un mundo que aún busca equilibrio entre fuerza y ternura, entre razón e intuición.

Así, lo femenino en el Zoroastrismo no es solo recuerdo de una antigua sabiduría, sino una invitación actual a la integración del espíritu con la verdad de la vida. Al reconocer esas entidades como partes vivas de la experiencia espiritual, el fiel no solo honra una tradición ancestral —se compromete con una existencia más íntegra, más lúcida, más justa. Y en ese compromiso silencioso, esas figuras eternas continúan guiando a la humanidad hacia su esencia más luminosa.

Capítulo 29
Religión Viva

Entre los ecos antiguos de las escrituras del Avesta y las brasas vivas en los altares de los templos, pulsa un corazón aún vibrante: el Zoroastrismo permanece una religión viva. Sus entidades espirituales, sus rituales, sus preces y su visión moral del mundo no pertenecen solo al pasado —continúan guiando, iluminando, transformando la vida de comunidades reales. Y es en lo cotidiano de los parsis en la India, de los iraníes en Irán, y de fieles esparcidos por el mundo, que el Panteón Espiritual zoroastriano respira, actúa, responde.

Esa permanencia no ocurre sin desafíos. El Zoroastrismo, una de las religiones monoteístas más antiguas de la humanidad, no posee hoy el mismo número de seguidores que grandes tradiciones globales. Sus practicantes, aunque resilientes, viven rodeados por una pluralidad religiosa intensa y por modernizaciones que exigen adaptación. Aun así, en cada hogar donde la llama sagrada es encendida al amanecer, en cada festival estacional donde se cantan los Gathas, en cada niño que aprende a recitar el Ashem Vohu, la tradición se renueva con la misma fuerza del primer soplo creador de Ahura Mazda.

La presencia de las entidades espirituales en ese contexto contemporáneo es más que simbólica: son parte activa de la vida espiritual diaria de los fieles. Los Yazatas, por ejemplo, no son solo recordados en libros sagrados —son invocados en las oraciones, mencionados en las fiestas, reconocidos como fuerzas en operación en el mundo. Mithra continúa siendo un pilar de integridad en los negocios y relaciones sociales. Su papel como protector de los pactos se volvió aún más relevante en tiempos de contratos rotos y palabras volátiles. Recitar su nombre es reafirmar el valor del honor.

Anahita permanece viva en cada ritual de purificación. Sus aguas sagradas, aunque muchas veces simbólicas en contextos urbanos, mantienen su fuerza de regeneración y cura. En los festivales y ceremonias matrimoniales, es común encontrar invocaciones a su fertilidad y a su bendición protectora sobre los hogares. Su femenino sagrado se actualiza en las mujeres que lideran comunidades, que preservan la tradición con sabiduría y firmeza.

Los Amesha Spentas, por su parte, no son solo conceptos teológicos —son guías morales vivos. Vivir con Vohu Manah es cultivar pensamientos puros. Actuar con Asha Vahishta es buscar la verdad en medio de las sombras. Servir con Spenta Armaiti es trabajar con humildad y reverencia. La espiritualidad zoroastriana, por su propia estructura, es existencial —no depende de clérigos para ser vivida. Cada fiel, al actuar con conciencia, ya realiza el culto.

El fuego sagrado, representando a Atar, permanece el símbolo más visible de esa continuidad. En los templos activos de Irán y de la India —como el templo de Yazd o el Atash Behram en Mumbai— la llama nunca se apaga. Es cuidada con celo, alimentada con maderas puras, reverenciada como presencia de lo sagrado. Los fieles que se reúnen en silencio ante el fuego no lo adoran como un ídolo, sino como canal directo de luz entre el mundo material y la realidad espiritual. Sentarse ante el fuego es, aún hoy, un acto de escucha, un momento de alineamiento con la verdad interior.

La contemporaneidad también ha exigido adaptaciones. Muchos jóvenes zoroastrianos viven en metrópolis globales, distantes de centros tradicionales de culto. Pero incluso en esos contextos, los principios del Zoroastrismo encuentran nuevas formas de expresión: encuentros comunitarios, celebraciones en línea de los festivales estacionales, estudio de los textos sagrados en grupos virtuales, transmisión de los cánticos a través de plataformas digitales. Lo sagrado zoroastriano entra en el siglo XXI sin perder su alma.

La continuidad del culto a las entidades espirituales también pasa por la enseñanza a las nuevas generaciones. Familias zoroastrianas enseñan a sus hijos desde temprano los nombres de los Amesha Spentas, los principios de la dualidad entre orden y caos, el poder del libre albedrío. En muchas casas, el Avesta es mantenido en lugares de destaque. El idioma avéstico, aunque ya no hablado, es preservado en las liturgias, como una lengua sagrada que liga el presente al pasado eterno.

En los festivales religiosos, el panteón espiritual gana colores, aromas, músicas y formas. En el Nowruz, el Año Nuevo persa, cada elemento sobre la mesa del Haft-Seen remite a principios espirituales —salud, verdad, paciencia, renacimiento. Los Yazatas son recordados como guardianes de los ciclos naturales, como protectores de la renovación. En el Farvardigan, los Fravashis de los ancestros son honrados con devoción. Casas son limpiadas, oraciones son recitadas, altares improvisados reciben velas y flores. Es el tiempo en que los vivos abren espacio para los muertos, en que lo invisible y lo visible celebran juntos.

Y hay aún aquellos que, no nacidos en familias zoroastrianas, se aproximan a la tradición por su profunda visión ética del mundo. Buscan el Zoroastrismo no por promesa de salvación, sino por resonancia interior con la idea de que vivir con buenos pensamientos, buenas palabras y buenas acciones es, por sí solo, camino de transformación espiritual. Algunos se convierten, otros solo aprenden. En todos, el panteón espiritual continúa tocando, inspirando, moviendo. El Zoroastrismo no necesita proselitismo para crecer —florece donde hay verdad, donde hay luz, donde hay compromiso con la rectitud.

Y así, sus entidades no viven solo en los templos, sino en cada elección hecha con ética, en cada gesto de cuidado con la creación, en cada decisión tomada con el corazón volcado al orden cósmico. La religión zoroastriana, por lo tanto, vive porque es vivible. No exige sacrificios impensados, ni fe ciega, ni dogmas opacos. Invita a la conciencia, al discernimiento, a la responsabilidad. Y sus entidades espirituales, en vez de quedar encerradas en el pasado, descienden al presente con la misma fuerza con que siempre actuaron: como compañeras, como guías, como protectoras.

Esa vitalidad que emana del Zoroastrismo revela un modelo religioso que no se contenta con la memoria, sino que insiste en la presencia. Lo sagrado, aquí, no es reliquia —es relieve cotidiano, cuerpo vivo que respira en las decisiones éticas y en la relación con el mundo. La llama que no se apaga en los templos también arde en los interiores de quien se orienta por la justicia, por la rectitud y por la claridad de espíritu. Y es justamente esa dimensión vivencial, que independe de números, de reconocimiento institucional o de hegemonía cultural, la que garantiza a la religión zoroastriana una continuidad que no se curva al tiempo, sino que se reinventa dentro de él.

Lo que se preserva, entonces, no es solo un conjunto de símbolos o de narrativas, sino una forma de estar en el mundo que afirma el bien como elección activa. En un escenario global de incertidumbres morales y desorientaciones espirituales, el Zoroastrismo ofrece un camino centrado en la libertad responsable —un camino donde el ser humano es llamado a ser coautor del orden cósmico. Los Yazatas y los Amesha Spentas, más que entidades distantes, son rostros de la virtud en acción, arquetipos que invitan al fiel a reflexionar, decidir y actuar con lucidez. Son, también, puentes entre el interior y el exterior, entre lo eterno y el presente.

Es en esa dinámica continua entre tradición y transformación que la religión se mantiene viva. Porque mientras haya quien, al despertar, se acuerde de actuar con buenos pensamientos; mientras haya quien, ante el fuego o ante la duda, opte por la verdad; mientras haya un niño que aprenda un canto sagrado con los ojos encendidos de encantamiento —el Zoroastrismo seguirá pulsando. No como eco de un pasado glorioso, sino como fuerza viva que aún inspira al mundo a ser mejor.

Capítulo 30
Reflexión Filosófica

Hay un momento en el viaje del fiel zoroastriano —después del estudio, después de la práctica, después de la vivencia constante de los ritos y las oraciones— en que la mente se aquieta y el espíritu se vuelve hacia adentro. No en busca de nuevas respuestas exteriores, sino para escuchar el eco interior de las verdades ya reveladas. En ese instante, cada entidad espiritual deja de ser solo figura, nombre, función o poder. Se convierten en arquetipos vivos, dimensiones de la propia alma, espejos del viaje interior. El Panteón Espiritual del Zoroastrismo, entonces, revela su rostro más profundo: el de un mapa simbólico del alma humana en su búsqueda de la luz.

Cada entidad estudiada a lo largo de esta obra puede, ahora, ser comprendida no solo como un ser espiritual externo, sino como un guía interno —una faceta del propio ser en su viaje de autodescubrimiento, purificación y elevación. El Zoroastrismo, lejos de ser solo una teología exógena, se revela como una filosofía espiritual que ofrece al individuo una brújula moral y una estructura arquetípica para el crecimiento del alma.

Ahura Mazda, la Inteligencia Suprema, es la luz original que brilla dentro de cada conciencia despierta.

No es solo un Dios que creó el mundo —es el principio de la sabiduría que habita en el núcleo de la mente justa. Es el "yo superior" que llama al alma a vivir de acuerdo con la verdad, la compasión y el orden. Reflexionar sobre Ahura Mazda es reconocer que hay una chispa divina que nos guía no por imposición, sino por inspiración.

Angra Mainyu, por su parte, no es solo un espíritu del mal exterior. Representa el potencial de la autosabotaje, la fuerza del ego corrompido, del miedo, de la mentira, del orgullo y de la inercia. Actúa en las elecciones cotidianas en que optamos por ignorar el bien en favor de lo más fácil, lo más conveniente, lo más ilusorio. Vencerlo no es destruir un ser, sino liberarse de sus influencias internas.

Los Amesha Spentas son más que auxiliares cósmicos —son cualidades espirituales que cada alma debe cultivar. Vohu Manah, la Buena Mente, representa la capacidad de pensar con claridad, compasión y honestidad. Es el discernimiento que precede toda buena acción. Asha Vahishta, la Verdad Suprema, es el eje interior de justicia y rectitud. Es la capacidad de alinearse a lo real sin distorsiones. Khshathra Vairya es el poder interior que rige con justicia y coraje, no con tiranía. Es la fuerza de mantenerse firme en el bien. Spenta Armaiti es la humildad y la devoción, la entrega silenciosa a la verdad mayor. Haurvatat, la Plenitud, es la integración de los aspectos del alma, la salud emocional y espiritual. Ameretat, la Inmortalidad, es el sentido de la eternidad que habita en el alma despierta

—aquello que no muere porque jamás dejó de estar alineado con el Bien.

Los Yazatas, en su multiplicidad, reflejan los aspectos más dinámicos de la experiencia espiritual. Mithra, el juez de los pactos, es la conciencia que vela sobre la integridad de nuestras palabras. Es el compromiso que asumimos con nuestra propia evolución. Anahita, la purificadora, es la capacidad de lavarnos de las máculas emocionales, de reiniciar con levedad. Tishtrya, que trae las lluvias, es el potencial de renovación que el alma carga —la fe de que incluso en tiempos de aridez, la fertilidad espiritual puede retornar. Sraosha, el guardián de la escucha, es el arquetipo del silencio interior —la parte de nosotros que escucha el llamado del alma, que permanece despierta incluso cuando el mundo adormece. Rashnu, el pesador, es nuestro sentido de justicia interna, que pesa actos no con culpa, sino con lucidez.

Atar, el fuego, es el fuego de la conciencia, de la transformación, del despertar. Quema lo que es falso, calienta lo que es verdadero. Es el "fuego interno" que todo místico reconoce. Haoma, la planta divina, es el símbolo del alimento espiritual —aquello que cura, que fortalece, que renueva. En su dimensión interna, representa la sabiduría asimilada: la palabra viva que nutre, la verdad que se transforma en fuerza. Fravashis, los protectores, son los reflejos de nuestro yo superior, los ancestros espirituales que habitan el campo de la conciencia colectiva. Son nuestros propios mejores futuros posibles, ya realizados en la luz, que nos llaman desde más allá del tiempo.

Y por fin, entidades como Daena, la conciencia revelada después de la muerte, muestran que el Zoroastrismo entiende el viaje espiritual como un proceso integral. Todo lo que se es, todo lo que se hace, todo lo que se piensa, moldea la realidad interior. No hay separación entre el mundo espiritual y la vida práctica. El cielo y el infierno son experiencias resultantes de la calidad del ser. El juicio no es externo, sino interno —el alma se revela a sí misma, y eso basta.

Esa perspectiva filosófica del panteón zoroastriano nos invita a una nueva postura: la de discípulo del propio espíritu. Cada nombre estudiado, cada entidad invocada, cada rito realizado fue, en verdad, una etapa del viaje de autoconocimiento. Invocar los nombres sagrados es activar cualidades interiores. Honrar a los Yazatas es reconocer que hay fuerzas dentro de nosotros esperando expresión. La religión, entonces, se vuelve camino iniciático, la cosmología se torna psicología espiritual, y los mitos se convierten en metáforas vivas del alma.

El Zoroastrismo, en su origen, no proponía solo una teología, sino una filosofía del vivir con verdad. La batalla entre Ahura Mazda y Angra Mainyu ocurre en el mundo, sí —pero comienza en el alma de cada ser humano. El puente Chinvat está en cada elección ética. La balanza de Rashnu se mueve a cada pensamiento. Y la escucha de Sraosha es activada siempre que silenciamos el ego para oír la luz.

Esa es la profundidad del panteón zoroastriano: no se trata de un sistema politeísta de culto a múltiples dioses, sino de un código espiritual multidimensional, donde cada ser representa una virtud, una energía, una parte del Todo. Es una estructura viva, que puede usarse como mapa de meditación, como base de ética, como guía para decisiones existenciales. Y cuanto más el fiel interioriza esas entidades, más se aproxima a su propia esencia luminosa.

Esa interiorización del panteón no es solo una abstracción filosófica, sino una experiencia concreta para quien transita el camino de la conciencia. A medida que cada entidad es reconocida como aspecto vivo del propio ser, la espiritualidad deja de depender de intermediaciones y se transforma en intimidad radical con la verdad. El fiel ya no camina en busca de salvación como algo distante, sino que despierta a la percepción de que la salvación es un proceso continuo de alineamiento con lo que hay de más elevado en sí. La religión, entonces, se torna presencia —no una estructura a seguir por miedo, sino un horizonte a habitar con lucidez y amor.

Esa vivencia de lo sagrado como experiencia interna no excluye el mundo, sino que lo incluye en otra clave: la de la acción ética iluminada por la introspección. Lo que antes era visto como ritual externo gana potencia simbólica y práctica como gesto consciente. Encender el fuego, purificar con agua, entonar los cánticos —todo se resignifica cuando se hace con el entendimiento de que cada acto externo refleja una disposición interna. El Zoroastrismo revela, así, su carácter profundamente iniciático: cada etapa de su cosmología es una invitación a atravesar las capas del ego, hasta alcanzar el centro luminoso del ser, donde la chispa de Ahura Mazda permanece intacta.

En ese punto del viaje, ya no hay necesidad de separar religión, filosofía y psicología: todo converge hacia la misma fuente. El fiel que llegó aquí no se limita a creer —sabe, porque vive. Y en esa vivencia, comprende que el bien no es un ideal distante, sino una elección cotidiana. Que las entidades no están en el más allá, sino dentro. Que el juicio no vendrá, porque ya está sucediendo. Y que el alma, al espejarse en ese panteón arquetípico, descubre lo que siempre fue: luz en movimiento, parte inseparable del Todo.

Capítulo 31
Unidad en la Diversidad

Al alcanzar la cúspide de la contemplación espiritual zoroastriana, se comprende una verdad que trasciende la complejidad del panteón, la riqueza de los rituales y la multiplicidad de los nombres: hay, en el corazón de todas las formas, una única luz. Esa luz es Ahura Mazda, origen y destino de todo lo que es bueno, verdadero y ordenado. Y aunque Él se manifieste en miríadas de seres —Amesha Spentas, Yazatas, Fravashis, arquetipos espirituales, entidades femeninas y masculinas—, todos ellos no son fragmentaciones de un todo, sino expresiones de una unidad plena. La diversidad espiritual del Zoroastrismo es, en su esencia, un himno a la unidad de la creación.

Cada entidad espiritual, como fue revelado a lo largo del viaje, cumple una función precisa dentro del gran cuerpo cósmico. Pero ninguna actúa de modo aislado. Como los órganos de un organismo vivo, se entrelazan, se comunican, se completan. Vohu Manah prepara la mente para acoger la verdad de Asha Vahishta. Spenta Armaiti acoge en el corazón lo que Khshathra Vairya organiza en acción justa. Haurvatat y Ameretat, juntas, restauran la integridad y la eternidad del alma, formando una dupla que anuncia la plenitud de la vida.

Los Yazatas, por su parte, son como los nervios sensibles del universo. Cada uno responde a un campo de la creación. Pero todos obedecen al mismo principio: el de mantener el mundo cohesivo, bello, funcional. No compiten, no se superponen, no reivindican gloria. Su gloria es servir al orden de Ahura Mazda. Son la prueba de que, incluso en la multiplicidad, es posible vivir en perfecta armonía. Y esa armonía es reflejo del orden primordial, el orden que existía antes del tiempo, antes de la creación, y que continuará existiendo cuando el mundo sea renovado.

El Zoroastrismo, al sustentar esta unidad por medio de la diversidad, presenta una concepción profundamente inclusiva de lo sagrado. No se trata de reunir nombres por acumulación. Se trata de comprender que cada nombre es un rostro de la Verdad. Cada ser espiritual representa una vía de acceso a lo real. No hay jerarquía entre ellos en el sentido humano de poder, sino una organización funcional que revela el valor de cada parte en el todo. Lo que sustenta el cielo no es solo la luz del sol, sino también la firmeza de las estrellas. Lo que mantiene la tierra no es solo la solidez de las montañas, sino también el flujo de las aguas.

Esa visión también se refleja en la vida humana. El individuo, al vivir con buenas ideas, buenas palabras y buenas acciones, actúa como un microcosmos de esa armonía mayor. Se convierte, por elección y práctica, en un reflejo del orden cósmico. Y cada persona, independientemente de su posición social, función familiar o nivel de conocimiento, posee una chispa de esa luz unificadora. Ahura Mazda habita igualmente en todos, y se manifiesta con plenitud en aquellos que eligen el bien con firmeza.

Los rituales, los nombres, las ofrendas, los cánticos —todos esos instrumentos, aunque preciosos, no son fines en sí mismos. Son medios. Portales. Lenguajes. El verdadero destino del alma zoroastriana no es solo realizar ritos con perfección, sino alinearse con la luz única que da sentido a todas las prácticas. Y esa luz se manifiesta en las acciones cotidianas: en la bondad con el prójimo, en la honestidad en los negocios, en la compasión con los animales, en la reverencia a la naturaleza.

El Zoroastrismo también invita a la contemplación de esa unidad fuera de los límites religiosos. Es, en su esencia, una teología de la elección consciente. Toda alma es libre de adherirse al bien o al mal, a la luz o a la sombra. Y esa libertad es prueba de la confianza que Ahura Mazda deposita en su creación. Si el mal aún existe, no es porque el bien sea frágil, sino porque la libertad es real. Y es en esa libertad que cada alma revela su rostro más divino: al elegir, incesantemente, la luz.

La multiplicidad de las entidades también enseña que lo sagrado puede manifestarse de muchas formas. En una estrella, en una llama, en una planta, en un gesto de silencio. Aquel que tiene ojos para ver y oídos para escuchar reconocerá que todo —absolutamente todo— puede volverse vía de conexión con lo eterno. No hay lugar donde Ahura Mazda no esté. No hay forma que, purificada, no pueda revelar su presencia.

Al final de todas las invocaciones, de todos los estudios y meditaciones, el fiel zoroastriano comprende que las entidades espirituales son, en última instancia, emanaciones del amor absoluto y de la sabiduría infinita de Ahura Mazda. Ninguna actúa por cuenta propia. Ninguna se separa de su origen. Y por eso, el culto a ellas es también culto al Uno. La pluralidad, lejos de dividir, revela la riqueza de lo que es uno. La luz, al pasar por un cristal, revela múltiples colores —pero continúa siendo una sola luz.

Esa sabiduría también sirve de puente entre tradiciones. El Panteón Espiritual del Zoroastrismo no se presenta como verdad exclusiva, sino como una estructura simbólica profundamente universal. Todo aquel que vive con rectitud, que busca la verdad, que cultiva el bien, incluso sin conocer los nombres de los Yazatas o recitar los himnos del Avesta, está, de alguna forma, en comunión con esa luz. La ética, la conciencia, la compasión —esas son lenguas que todos comprenden. Y el Zoroastrismo, en su raíz más profunda, habla todas ellas.

Por eso, encerrar este viaje no es cerrar un libro —es abrir un camino. El conocimiento del Panteón Espiritual zoroastriano no es un fin, sino un inicio. Una invitación a la interiorización, a la práctica diaria, a la contemplación de la belleza presente en la diversidad ordenada. Que cada nombre estudiado aquí no permanezca como palabra escrita, sino que se vuelva fuerza viva en el alma del lector. Que cada entidad se convierta en compañera de viaje, maestro interior, estrella en el cielo del espíritu. Y si cada entidad es una estrella, que el firmamento construido a lo largo de esta travesía permanezca visible incluso en los días nublados de la existencia.

La unidad que se revela en la diversidad espiritual del Zoroastrismo no disuelve las diferencias —las honra. Enseña que la multiplicidad es lenguaje del Uno, y que la belleza de la creación está precisamente en su compleja armonía. No hay virtud aislada, no hay camino solitario, no hay salvación que sea solo individual. Todo pulsa en relación, en entrelazamiento, en sintonía. Y es en esa red viva de conexiones que el ser humano se descubre parte activa del orden cósmico —no como espectador, sino como coautor.

Así, conocer el Panteón Espiritual es mucho más que aprender sobre entidades sagradas. Es aprender a mirar el mundo con ojos de reverencia, a percibir lo sagrado en lo cotidiano, a reconocer que toda forma verdadera de bondad es una extensión de la luz de Ahura Mazda. No hay gesto justo que no resuene en el tejido del universo. No hay oración sincera que no encuentre eco. El ensañamiento profundo de esta unidad es que, incluso ante el caos aparente, hay un orden silencioso operando —y que el fiel, al elegir el bien, la refuerza, la expande, la manifiesta.

Esa es, en fin, la herencia viva del Zoroastrismo: un llamado a la lucidez, a la libertad responsable, a la comunión con el principio luminoso que todo lo sustenta. El panteón, con toda su riqueza simbólica, no es un laberinto a descifrar, sino un espejo multifacético que refleja el viaje del espíritu hacia la entereza. Y que ese viaje siga, ahora, dentro de cada lector —silencioso, firme, luminoso— como la llama que jamás se apaga.

Epílogo

Hay un momento, después de la última página, en que el silencio gana densidad. No el silencio de la ausencia, sino el de la presencia profunda. Es en ese instante que el conocimiento deja de ser lectura y pasa a ser revelación. Y lo que fue revelado en este recorrido es más que una cosmovisión ancestral —es un espejo espiritual que devuelve al ser humano la responsabilidad olvidada de ser un vínculo consciente entre lo visible y lo invisible.

Lo que pulsa en este libro no pertenece solo al pasado. Es un llamado vivo. Un recordatorio de que, detrás de la historia del Zoroastrismo, detrás de los nombres y rituales, existe una arquitectura de lo real que continúa activa. La batalla entre luz y sombra no se limita a los mitos cósmicos o a los personajes celestes. Está presente en cada elección, en cada pensamiento que nace en la mente humana, en cada gesto aparentemente pequeño que, silenciosamente, inclina el destino de un mundo entero.

A lo largo de estas páginas, se volvió imposible ignorar la magnitud del libre albedrío. La revelación de que no estamos a merced de fuerzas ciegas, ni de dioses iracundos, sino que habitamos un universo moralmente estructurado, donde cada ser es cocreador del orden o cómplice del caos. No hay neutralidad. Lo real no acepta pasividad. Y es justamente esa lucidez ética la que vuelve tan transformador el viaje espiritual presentado aquí.

El bien no es un consuelo —es una tarea. La verdad no es una creencia —es un posicionamiento. La espiritualidad, como aprendimos en las palabras de Zaratustra, no se define por dogmas repetidos, sino por acciones alineadas con el orden cósmico. Vivir con rectitud es, en el Zoroastrismo, el más elevado acto de fe. Y eso exige vigilancia, exige claridad, exige coraje.

Al final de esta lectura, es posible percibir que el propósito no era presentar un sistema cerrado de creencias, sino abrir espacio para que la conciencia respirara nuevamente. Los Amesha Spentas no son personajes míticos —son arquetipos vivos dentro de nosotros, aspectos de la sabiduría universal que habitan nuestro propio ser. La Buena Mente, la Verdad Suprema, la Devoción Amorosa, la Plenitud, la Inmortalidad… cada una de esas emanaciones es también una invitación a la integración interior. Apuntan el camino de vuelta al centro —un centro que no se encuentra en templos distantes, sino en lo íntimo del propio espíritu.

Tampoco hay cómo salir ileso de la confrontación con Angra Mainyu —el principio de la destrucción. No como entidad distante, sino como susurro recurrente en nuestras indecisiones, en nuestras mentiras internas, en nuestra tendencia a posponer el bien por conveniencia. El libro no lo presenta como caricatura del mal, sino como realidad simbiótica que solo puede ser enfrentada con integridad innegociable. Al reconocer a ese adversario, reconocemos también nuestra fuerza. Pues toda sombra solo revela su debilidad ante una luz que se rehúsa a apagarse.

Y esa luz —ese fuego interior— es la mayor herencia de este legado espiritual. No un fuego para consumir, sino para purificar. Un fuego que se enciende en la conciencia y se mantiene por la coherencia entre pensamiento, palabra y acción. El fuego de Ahura Mazda no necesita altares externos; vive donde hay verdad, donde hay compasión, donde hay firmeza silenciosa ante lo que es justo. No quema para ser adorado, sino para recordar que la presencia divina es claridad, es dirección, es sabiduría viva.

En este punto del viaje, el lector no sale solo informado —sale transformado. Pues hay semillas plantadas aquí que continuarán germinando en los espacios invisibles de lo cotidiano. Tal vez en un momento de duda, tal vez ante una elección difícil, tal vez en un gesto simple de cuidado con la tierra, con el otro, consigo mismo. El verdadero rito zoroastriano no está en los templos, sino en la atención a la vida como sagrada. No hay separación entre lo espiritual y lo mundano cuando se aprende a ver con los ojos del alma despierta.

Encerrar esta lectura es, en verdad, iniciar un nuevo ciclo. Un ciclo donde el conocimiento se convierte en postura, donde la fe se transforma en acción, donde lo sagrado se encarna en la rutina. El puente fue atravesado —y ahora es imposible volver al mismo punto de donde se partió. Porque quien comprende la grandeza de la elección, no se permite más vivir en piloto automático. La revelación, una vez recibida, no puede ser olvidada sin consecuencia.

Ahora cargas contigo más que información: cargas un llamado. Un llamado a la lucidez, a la rectitud, a la construcción activa de un mundo donde el bien no sea excepción, sino fundamento. No hay cómo prever cómo esto se manifestará en tu viaje personal. Pero una cosa es cierta: la semilla fue plantada. Y, como todo lo que es verdaderamente sagrado, sabrá florecer en el tiempo correcto.

Que la luz que ardió en estas páginas continúe encendida dentro de ti. Que el silencio que resta después de la lectura sea fértil. Y que la llama de la conciencia —este templo vivo que no se dobla al tiempo— jamás se apague.